U0948252

我们
为什么会分手？

毛路＋赵珈禾——著

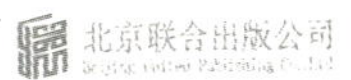

图书在版编目(CIP)数据

我们为什么会分手? / 毛路, 赵珈禾著. -- 北京:
北京联合出版公司, 2014.11
ISBN 978-7-5502-3037-8
Ⅰ.①我… Ⅱ.①毛… ②赵… Ⅲ.①恋爱-通俗读
物 Ⅳ.①C913.1-49
中国版本图书馆CIP数据核字(2014)第100513号

我们为什么会分手?
作者:毛路 赵珈禾
责任编辑:喻静
选题策划:读客图书 021-33608311
特约编辑:赵晨凤 龚珏
封面设计:陈艳丽 陈昭
版式设计:余晶晶
责任校对:张新元 曹振民

北京联合出版公司出版
(北京市西城区德外大街83号楼9层 100088)
北京海石通印刷有限公司印刷 新华书店经销
2014年11月第1版 2014年11月第1次印刷
字数126千字 890毫米×1270毫米 1/32 6.75印张
ISBN 978-7-5502-3037-8
定价:32.00元

如有印刷、装订质量问题,请致电 010-85866447(免费更换,邮寄到付)

写在前面的话

一年多之前，麦子和幼衡分手了。他们曾是我们这帮朋友眼中的“模范情侣”，我一度认为，就算全世界的情侣都分手了，这两人也不会分手。麦子和幼衡都是我很好的朋友，分手后他们也都来找我倾诉过。让我吃惊的是，本是同一段恋情，从两人口里讲出来，就成了两个故事。

原来她心中的相爱理由不等于他心中的相爱理由，他心中的分手理由也不等于她心中的分手理由。这真是一个又有意思又很残酷的话题。这让我冒出了采访分手情侣的想法。也许只有从男女双方的角度去叙述，才能在最大程度上接近分手的真相。我跟好朋友赵珈禾说了自己的这个计划，她也很有兴趣，于是我俩就开始着手寻找采访对象。

找到双方都愿意接受采访的分手情侣，比我们预想的困难。很多人跟我们联系，想讲讲自己的故事。当问到对方是否也愿意来讲一讲时，多数却是否定的回复。

我们发动了身边所有能发动的人，一起寻找，并利用网络平台，最后终于找到了二十二对分手情侣。本书选取了其中十五对的故事。

这些故事的侧重点并不是爱情，而是两性关系。以爱情为出发点去分析两性关系，太理想化，很多两性关系远没达到爱的程度。男女双方只有多些了解，少些误会，才能建立良好的两性关系。当然，良好的两性关系不一定就是爱，但良好的两性关系可以帮助我们通往爱。

在挑选故事的时候，我比较倾向于因为“主观原因”而分手的情侣，也就是说，是双方自身导致了分手，而非外界的压力。有一对接受采访的情侣，两人感情很好，但男方的母亲很迷信，认定两人八字相克，以自杀相逼，非要两人分手。还有一对是女方家里要求男方有房，但男方实在买不起房子。这样的故事，已经超出了两性关系的范畴，就没有收录在此。

每篇文章都是从当事人大量的口述素材中整理提炼出来的，以第一人称的形式呈现。写完之后，女方的部分我会发给女方看，男方的部分会给男方看，确定没有扭曲和误解之处后，才会定稿。这里面有一个我自己的故事，完稿后，也得到了对方的确认。

受访者中对待分手这件事的态度千差万别。有充满自责，对另一个人没有一句恶言，把主要责任往自己身上揽的；也有互相指责，把对方描述得无比极品的；当然也有既自责又指责对方的。看了这些故事，你就会发现，同样的世界，在不同人眼里竟是如此迥异的面貌。

所以永远不要相信一个人的一面之词。

最后，感谢所有接受采访的人。谢谢你们的分享，从你们身上，我们也明白了很多东西。祝愿大家谈一场永不分手的恋爱！

【注】

一、文中标注的受访者的年龄和职业以双方开始交往时为准，并非他们接受采访时的年龄和职业。

二、应一些受访者的要求，在接受采访前，先看了对方的版本。此种情况文中均有注明。

三、文中人物均为化名。

四、文中所有观点不代表作者观点。

毛路

2013年12月于北京

目录

分手故事一

“爱得更多的那方没资格提要求”

“她说：他从来没有主动说过‘我爱你’。

他说：爱上一个人需要时间。”

分手故事一

“爱得更多的那方没资格提要求”

恋爱时间：三个月

露娅

性别：女

年龄：24

职业：某商厦企划

哈里

性别：男

年龄：25

职业：某英文杂志记者

她说：

我是典型的“易恋爱，难长久”星人。每次都是轰轰烈烈坠入爱河，但少则一礼拜，多则三个月，就分道扬镳。有时候是我甩别人，有时候是别人甩我，也有时候没有谁甩谁，莫名其妙就分了。

跟哈里的爱情，是最让我无法忘怀的一段。虽然已经过去了将近四年，但我仍然会常常想起他。我跟哈里在北京某音乐节上一见钟情。那天他穿着白衬衣和牛仔裤，在一群摇滚小青年中显得格外干净和稳重。我去买饮料的时候，他排在我前面。我们在队伍中缓缓向前移动。他时不时地回头看我，我也毫不害羞地迎接他的目光。轮到他买饮料时，他扭头对我说：“想喝点什么？”

“跟你一样。”我笑着回答。

当我喝完他为我买的莫吉托时，已经在脑海里幻想出跟他在一起的许多浪漫场景。

现实的情况是，起初的一个月，简直比我的幻想还美好。早上，我们一起做早餐，他做煎蛋，烤面包；我切水果，煮咖啡。中午的时候，他会打车来陪我吃午饭，尽管他的公司离我的公司也不算近。他在一家英文杂志社工作，该杂志的主要内容就是吃喝玩乐。他总是邀我去一些既有情调又很美味的餐厅共进晚餐。晚饭过后，我们要么去西海散步，要么到后海划船。如果懒得出门，我俩就在他的大浴缸里一起泡澡。泡完澡后，他还会给我按摩，然后是美妙无比的性爱。

一切似乎很完美，只是我心里有个小疙瘩。哈里从来没有对我说过“你做我的女朋友吧”，而且向别人介绍我时，每次都是“这是谁谁谁”，而不是“这是我女朋友谁谁谁”。**其实我也不是在乎那个身份，只是他迟迟不给这样一个肯定，让我搞不清他到底爱不爱我、**

有多爱我。我是一个内心比较骄傲的人，也不愿意放低姿态去主动问他。就这样，巨大的幸福中老是夹杂着一丝不安。

而让心里这个小疙瘩变成大疙瘩的，是一个女人。不，不是你想的那样。这个女人是美国明星德鲁·巴里摩尔（Drew Barrymore）。

某个周五晚上，我们看完电影，步行回他家，边走边聊天。聊到各自最喜欢的影星，他说最喜欢德鲁·巴里摩尔。我说："比她演技好的女星多了去了。"

他以一副"你是在搞笑吧"的神情说："我才不在乎她的演技呢。"

我说："所以你喜欢她，只是觉得她漂亮？"

他说："是呀，你不觉得吗？"

然后我吃醋了，非常非常非常吃醋。

很傻，是吧？我也知道很傻，但就是控制不住。其实要是他回答说喜欢妮可·基德曼，甚至杨幂，或者任何一个消瘦型的女明星，估计我都不会那样。因为我是个瘦子，并且对自己的身材一直很满意。而他居然喜欢一个丰腴型的女明星，我不禁自问：这是否意味着，我的外表其实并不是他喜欢的类型？

那天晚上我一直闷闷不乐。第二天我得去公司加班，所以起得比他早。以前每次我从他家离开，他都会跟我一起出门，把我送上出租车；如果我要坐地铁，他会陪我一直走到地铁站。但这次，得知我要走，他却没有要送我的意思。我走的时候，他仍在床上躺着。如果换作平时，我可能也不会太在意。但由于前一天晚上的疙瘩，我独自走向地铁站的时候，情绪非常低落，忍不住分析到底发生了什么。我想起在网上看到的一篇文章，里面说："男人千方百计让你爱上他，当他确定你爱他后，便吃定你了，不再把你当回事儿。"所以，是不是因为我真的爱上了他，他便不再那么在乎我了？

一整天我的心情都很糟，工作上也连连出错，被上司批评了一顿。回到家后，我打电话给他，问他能不能来我家陪我。

他说："我今天觉得很疲惫，想在家好好休息。"

我说："今天被老板臭骂了一顿，心情很差。"（其实心情差的根本原因是我不确定他到底爱不爱我）

他说："要不明天我陪你去朝阳公园玩吧！"

情绪一下子涌上来，我哭了起来。他很吃惊，问我怎么啦。我说："最让一个女人痛心的事情就是，她在最需要你的时候，你却不愿意出现。"

他说："你不要这么Drama Queen行吗？我现在头很痛，不想跟你吵架。"

但我们还是大吵了一架，最后他说："我觉得现在说什么都没用，你根本就听不进去。我先挂了，明天打给你。"

我急忙说："等等，我就问你一个问题——你到底爱不爱我？"

他没有回答，挂断了电话。

那一刻，我瞬间感到心死了，给他发了条短信："我不想再见到你。"

那晚我删除了他的号码和网上联系方式，清除掉空间里所有我们的合影，下定决心老死不相往来。但那么爱的一个人，怎么可能真的在一瞬间对他死心？第二天，他给我打电话，我就忍不住接了。那天我们坐在朝阳公园的湖边，我说："我容易乱想，是我不对。"

他说："我也有做得不好的地方。"

我说："我只是希望你能像以前那样在乎我，让我安心。"

那天晚上我们过得非常甜蜜，彼此约定，以后两人都要成熟理智一些，有分歧好好谈，不要再吵架了。

但没过几天，因为一件鸡毛蒜皮的事情，我们又吵架了。跟他交往，我越来越没安全感，猜疑心越来越重，我们之间的架也越吵越凶。几乎每次吵架和好后，我都会忍不住问他：你爱我吗？他总是回答，当然爱啦。但他从来没有主动说过那三个字。

我们最后一次吵架是一个周六，我们一大帮人一起去郊区游玩，有我的朋友，也有他的朋友。白天我们过得特别愉快，晚上大家一起吃烧烤的时候，他的一个朋友讲了一个很冷的笑话，只戳中了他跟我朋友小艾的笑点，他们一起哈哈大笑。从那开始，他俩之间的话就多了起来，眼神也极其暧昧。如果是别的朋友，我可能也不会多想。但小艾恰好是我唯一的一个身材丰腴的朋友，那天她还穿了一件低胸紧身上衣。

那晚我喝得有点多，回到房间后，我质问他为什么要跟我的朋友打情骂俏、眉来眼去，完全不把我放在眼里。

他装傻说："哪个朋友？"

"还有谁，小艾呗。"

"你疯了。"

"是，我是疯了。"我吼道，"还不是你把我逼疯的。"

"你小声点。让大家听到多不好。"

"这时候，你还在乎别人听到，你还在乎面子吗？"

然后我们又大吵了一架，吵到最后，他说："要不我们还是分手吧。"

"分就分。"我说。

从郊区回到城里后，我们好几天没有联系。本来我以为这次也像以前无数次那样，分手只是说说而已，想不到他真的打定了主意要分手。他说，觉得我像一团火焰，随时都可能把他吞噬。他害怕自己越陷越深，最后遍体鳞伤。我骂他是胆小鬼，我说："在爱情面前，就得不怕受伤呀。”

他说：“我就是懦夫，我承受不起这样剧烈的爱情，所以只能选择放弃。”

■ 他说：

（男方已先看了女方的讲述）

我不认为我们是一见钟情，因为我根本就不相信世界上有一见钟情这回事儿。所谓“一见钟情”无非是后来爱上之后，在头脑中把初次见面的情形过分浪漫化而已。对我来说，我们是这样开始的：我在音乐节上搭讪了一个长得不错的妞，跟她聊了聊，觉得她还挺有意思的，就经常约她出来。

最开始我们相处得很愉快，我很喜欢露娅，她也很喜欢我。露娅是一个非常有趣的姑娘，性格大方，在她身边我很放松，而且从来不会觉得无聊。我最喜欢的，是她身上散发的活力，这种特质我在一般女孩身上不容易见到。

但后来她变了，虽然还是跟以前一样精力充沛，但已经不是最开始我认识的那个人了。这样说吧，之前我感觉，她把身上的精力都花在热爱和享受生活上，所以我常常被她的这种活力所感染，让我觉得自己的生活也跟着灿烂了不少。**但突然之间，她把精力都花在抱怨和**

折腾生活上，我也饱受牵连，不得安宁。她说这是因为她真的爱上了我。也许这就是人们常说的“爱情让人疯狂”吧。虽然她没有明确说出口，但她的逻辑永远是：“我都这么爱你了，你为什么就不能怎么怎么样，甚至都不愿意说句‘我爱你’？”

我是一个慢热的人，对我来说，“爱”这个字太重，爱上一个人是需要时间的。她无法理解这一点。引用她上面的原话：“其实我也不是在乎那个身份，只是他迟迟不给这样一个肯定，让我搞不清他到底爱不爱我、有多爱我。”认识才一个月而已，怎么就成了“迟迟”？本来我自己心里还在琢磨“我爱她吗”，她不仅不给我一点考虑的时间，还老拿“你爱不爱我爱不爱我爱不爱我爱不爱我”的问题轰炸，这样一来，我就更加不确定自己对她的感觉了。

那天露娅说工作压力大，心情不好，让我去她家，其实当时我的情绪也很低落。那段时间，我们公司来了个中文很流利的老外实习生，我觉得老板很可能用他顶替我的位子，所以我的压力也很大。而她不仅没有安慰我，反而说我是杞人忧天。她还在电话里凶我，我真的是头痛欲裂。我心想，两个人的情绪都那么不好，要是当天晚上见面，负面情绪互相影响，说不定大家的心情会更糟糕，还不如各自在家好好睡上一觉，第二天再一起去个风景好的地方玩一玩，那不是更好吗？

那只是一个序幕，后来她越来越不可理喻。我也很苦恼，找我最好的哥们出来喝酒聊天。他说：“面对喜欢发神经的女人，你只有两条路可走：一、甩了她；二、忍受她。”

我说：“难道没有第三条路，即让她少发些神经吗？”

哥们儿笑着说：“你还真是too young too simple。我告诉你，这是不可能的。”

根据《老爸老妈的浪漫史》中巴尼的一个理论，男人对女人神经病程度的忍耐力，跟女人的美貌程度成正比。对此我非常赞同。老实说，露娅是个漂亮姑娘，但也没到美若天仙的地步。如果将女人的相貌分为十个等级，最貌美的为10分；将神经病程度也分为十个等级，最神经的为10分。她的相貌也就在7分上下，但她的神经病程度却直逼10分。经常莫名其妙地闷闷不乐，不仅吃女明星的醋，还怀疑我跟她闺蜜有暧昧。如果那个闺蜜是个美女，我还稍稍可以理解，关键是那闺蜜的长相非常——我也不能骂人丑，是吧？这样说吧，非常抽象，非常艺术！

所以我最后忍不了，瞎掰了个理由，跟露娅分了。其实刚分手那会儿，想起我们最开始的幸福时光，我心里还是有些放不下。但她到处说我坏话，把我描述成心理有问题的爱无能和不仁不义的胆小鬼。大家的舆论也偏向她，毕竟她是被抛弃的那方。**有次她喝多了，给我发来条短信：你为什么不爱我了？我没有回复，其实我当时很想说：**

不要问我为什么，你看看你自己，身上还剩哪点可爱之处？

最后，我想讲另外一个分手故事。跟她分手以后，我爱上了另一个女人，叫她柠檬小姐吧。也许老天有意要给我上一课。我跟柠檬小姐的故事简直就是我跟露娅的翻版，只不过角色颠倒了。这个女人比我还慢热。最后是因为我的不安和猜忌——好吧，还有疯狂——断送了我们的关系。

柠檬小姐曾经在一次争吵后，给我发过一封邮件，里面有一段：

“我承认，我们的关系里，你是爱得更多的那个。但这不代表我就欠你什么。爱不爱，有多爱，这都是你自觉自愿的事情，没有人强迫你。爱情从来不是什么公平的游戏。我知道你觉得委屈，但事实就是，爱得更多的那方没资格提要求。爱得更多的那方，要么带着自己的尊严退出游戏，要么只能用更多的耐心，花更多的心血，让对方心甘情愿地跟上你的步伐，而不是强迫人家一定要跟你的步调一致。”

当时我不是很理解那封邮件的意思，只是觉得她太狠心。但我们彻底没戏后，我痛苦了很长一段时间，也逐渐明白了柠檬小姐想要表达的意思。

爱，并不能从零一下子就跳到十的，这是一个循序渐进的过程。可能A爱B十分的时候，B只有五分爱A。但这不代表以后B就不能爱A到十分。一段爱情，中间谁爱得多谁爱得少，并不重要，只要最后双方都能投入去爱就行了。如果把爱情比作一座高山，谁先到达山顶并不重要，关键是先来到山顶的人，懂得不去抱怨另一位的速度太慢，而是让自己有足够的耐心等另一位也攀上顶点。当两人一起在山顶上眺望最迷人的风景时，你就会发现——等待是值得的。

我经常回味柠檬小姐那句话“爱得更多的那方没资格提要求”。当初我特别不能接受这种说法，但现在想想，是呀，作为爱得更多那方，我要求提得越多，只会让对方爱我更少。而对方爱我爱得少，很有可能错不在对方，而在我自己。追着人家要个答案，把他（她）逼得无法喘息，还不如卸掉给对方的压力，给他（她）所需要的时间和空间。以泪洗面地指责对方“为什么你不能爱我多一点”，不如擦干眼泪，露出笑容，去改进自己，让自己更值得爱。

愚者，祈求爱；智者，吸引爱。

分手故事二

“两个人在一起，光有爱是不够的”

“她说：他对我越好，我越恐惧失去……

他说：她不应该为了我变成另一个人。”

分手故事二

“两个人在一起，光有爱是不够的”

恋爱时间：一年

茄子小姐	萝卜先生
性别：女	性别：男
年龄：21	年龄：33
职业：学生	职业：文化公司老板

■ 她说：

我跟萝卜先生是在酒吧里认识的。那天我在一位学姐的怂恿下，第一次去了酒吧。当时的我，对酒吧的认知尚处于“坏女孩和花花公子去的地方，喝多了就互相乱搞”的阶段。学姐笑话我，“别老土了。泡吧就是一种文化而已，跟小资泡星巴克一样。再说，我要带你去的是GAY吧。帅哥爆多，又不会对你动手动脚。”

抱着“感受不同文化”的心态，我跟着学姐去了帝都一家著名的GAY吧。至于学姐为什么会带我去GAY吧，想必无非五个字：腐女，不解释。

我还没进门，就被门口的基情场面吓到了。我想我当时的样子，可以用“小鸡遇到黄鼠狼”来形容，而学姐一脸兴奋，拉着我就往里面窜。我还没搞清状况，就被学姐递给我的一瓶啤酒灌醉了。

在脑袋极度眩晕的情况下，我还是作出了一个明智的决定——回宿舍。但学姐当然不想回去。于是我说，没事，我自己打车回去就行。她喊了一句“回了宿舍给我发条短信啊呵呵吼”后，就神奇地消失了。

我踉跄着往门口走，在感到自己马上要摔倒的时候，就真的摔倒了。这一摔，让我稍微清醒了一点。有个路过的姑娘问我：“你没事吧？”我摆了摆手说：“没事。”姑娘还是弯腰帮忙把我扶了起来。

向陌生的姑娘道过谢后，看着姑娘往人群里挤的背影，不知道为什么，我忽然不想走了。犹豫了几秒之后，我又走进了酒吧。这就是所谓的命中注定吧。我跟萝卜先生认识的过程并不戏剧，就是酒吧里的普通搭讪而已。

一开始，我很担心萝卜先生的追求是不是在“逗自己玩”而已。

学姐笑话我说，你在一个Gay吧遇到了一个有魅力的男人，你首先应该担心的是他的性取向吧。当然，后来事实证明，他既不是Gay，也不是Playboy。他那天出现在那里，是因为一个好基友过生日。在他坚持不懈地努力了三个多月后，我接受了他。

后来的故事我不知道怎么才能说清楚。每次试图回想我们之间到底发生了什么，我的头脑里就会一片混乱，讲不出一个完整的东西，都是一些小细节、小片段。奇怪得很，越接近尾声的故事越模糊，只有最初的回忆是清晰的。

萝卜先生算不上帅哥，个子也不高，但有种说不出来的魅力，尤其是他说话的时候，让人感觉很舒服。他博览群书，阅历丰富，事业有成。他知道很多东西，想的东西也很多。他是个生意人，但除了工作和应酬之外，他的大把时间都是在书房中度过的。他对我也丝毫不吝惜自己的时间，学校放假的时候，他会带着我去各地旅游。有次我要回老家办点事，顺口说了一声自己哪天回北京。我知道他那段时间工作繁忙，飞机落地后，我心想着自己从机场坐快轨回家就行，一抬头，却看见他笑容灿烂地对我挥手。原来他一大早便去了机场，在那里等了我一整天。当时，我真是幸福得眼泪都在眼眶里打转。

但他对我越好，我内心反而会越恐惧。我怕自己爱得越来越深，万一哪天萝卜先生弃我而去，我承受不了。

我曾经有次惨痛的单相思经历。有人说过一句话：**“一厢情愿并不会使人难过，使人难过的是明明一厢情愿却还抱着两厢情愿的期待。”**那是我第一次爱上一个男人，我把心上人对我说过的每句话、为我做过的每件事都无限放大，变成内心他可能喜欢自己的证明，却一点也不愿意去想，对方给予自己的帮助，也许只是出于善意，而并非爱意。最后男孩告诉我，他喜欢的是另一个姑娘。因为这件事，我消沉了很久，还患上了忧郁症。还好我有个通情达理的母亲，在母亲的开导下，我才慢慢走出来了。

但从此以后，我每每遇到有好感的男生，无论对方说了什么好话，或者为自己做了什么事情，我都会马上告诉自己这不是真的，然后找出好多对方不可能喜欢自己的理由，故意让自己失望。这样的话，要是最终结果是坏的，自己也能接受。

其实跟萝卜先生见了三次之后，我就已经很喜欢他了，但一直不太敢相信他会喜欢自己。在一起之后，我便不太敢在萝卜先生面前展示真实的自我，因为我觉得萝卜先生太好了，而自己就是一小屁孩，每天还要为他到底有多爱自己而纠结。他跟别人聊天的时候，我都不敢插话，我觉得自己经历太少，看的书也不多，说出来的话一定会很幼稚。我不知道把自己的幼稚赤裸裸地暴露在萝卜先生面前，他还会不会做我的男朋友，这让我很惶恐。

如果我俩分手了，我失去的是一个非常特别的男人，一个幽默、贴

心、知识渊博的成功男人；而对方失去的，只是喜欢他的众多姑娘中的一个。我想做一个更好的人，做一个可以和他有精神交流的人，但我懂的实在少。我特别爱他，但我不知道自己能为他做什么，所以只有通过给他做饭、收拾房间这些小事来表示我对他的爱。有委屈的时候，我从来不会说出来，不会对他发脾气，都憋在心里。生怕他觉得我任性、不讲道理。不是说每个成功男人的背后，都有一个女人吗？能做他背后的女人，对我来说，就是最大的满足了。没想到，就这么个愿望，最后还是破碎了。哎，也不是没想到，其实经常想到，只是一直存在着侥幸心理，希望它不要发生。

■ 他说：

（男方已先看了女方的讲述）

她说的我们恋爱的经过，基本上都是事实，只有一点出入。我追求她的时候，她没有立刻答应。那时候我以为是因为她觉得我“不够好”才犹豫的，没想到是因为觉得“我太好”了。我常跟她说，我其实没她想的那么好，只是年纪比她长一些，多一些阅历而已。

茄子小姐是个特别的女孩。她心地善良，性格温柔，而且身上散发着一种很传统的中国女性美。我当初真的很爱她，但两个人在一起，光有爱是不够的。当初也不一定非得分手，分手的时候我还爱着她，所以也很痛苦，但我心里清楚，她不是那个适合跟我共度余生的人。硬要继续在一起，只会耽搁彼此。她跟我在一起的时候，太专注于“讨好”我，这恰恰磨灭掉了自己身上那些最吸引我的地方。比如二十出头的姑娘本该有的一些天真，一些幻想，一些幼稚，甚至一些八卦精神，等等。这些东西，在我们确定关系之前，它们会不自觉地自然流露，我觉得很吸引我，丝毫不会反感。但在一起之后，她总怕自己不够懂事，其实我一开始喜欢她，就是喜欢她的“不懂事”。当然，我不是说那种让人受不了的蛮横无理，或一天到晚只知道撒娇的那种“不懂事”。比如，刚开始认识她的时候，她会傻乎乎地说错话，或者问一些让人发笑的问题，叽里呱啦很可爱。但在一起之后，她就变得“严肃”了。我觉得她跟我在一起之后，就不是她自己了。真的，不值得为了我变成另一个人，也不需要。况且我喜欢的，是真实的那个她，而不是“更好的”那个她。

也许那些没有安全感的人，需要伴侣为自己做很多事来证明对自己的感情。但我很有安全感，我不需要她去刻意为我做点什么，比如她说的做饭、收拾房间这类的事情。当然，她若是真的享受做饭的过程，而不是因为“想让他更喜欢我”而做饭，我是很乐意她来做的。

我觉得吧，两个人相处，无论是朋友还是恋人，只要我跟你在一起的时候，能觉得开心，这就是对我最大的恩惠了。她把自己放在低于我的位置，让我很不舒服。感觉她在我面前的时候，总是“绷紧的”，不能完全放松做自己，导致我也不能放松，无法开心起来。所以跟她相处，慢慢地我就觉得很累，到头来，我不仅替自己觉得累，也替她觉得累。

我对女朋友的要求并不高，对太太的要求却很高。这样说吧，她当我的女朋友完全没有问题。纵使她有上面的这些问题，我是可以容忍的。但要成为我的太太，就不一样了。我不会仅因为一个女人“很爱我，无条件对我好”，就选择她当我的太太。我不要求她上得了厅堂下得了厨房，会不会做饭、会不会做家务都没关系。这些东西不会，咱就请个阿姨来做。我只希望我的太太是个真实自然、能让人放松、会带给我欢乐的女人。还有，她能看到自己的特别和独一无二之处，不会把我放在高于她的位置，因为我觉得那样其实是对她自己的一种不尊重。要做我的太太，当然必须得爱我，尊重我，但她也必须能爱自己，尊重自己，只有这样的女人，我才愿意与她相伴一生。我也遇到过不少宣称“很爱自己”的女人，但一接触下来，就会发现，故作姿态罢了，根本不是那回事儿。虽然说“Fake it till you make it”有一定道理，但要演技太差，别人几眼就看出是装的……那……那还不如别装呢。

我选择分手，是因为我知道她是个好姑娘，而我给不了她那个终身承诺。我知道，这件事上，浑蛋的那一方是我。虽然分手的时候，我还爱她，但我能感到自己的爱在逐渐褪去，如果等完全没感觉了，再跟她提出分手，那样岂不是更浑蛋？

总之，我不需要崇拜者，不需要躲在我背后的女人，我需要的，是一个能站在我身旁的女人。

分手故事三

不信任，是爱情的头号杀手

“她说：你要么选她，要么选我。

他说：她不信任我。”

分手故事三

不信任，是爱情的头号杀手

恋爱时间：十个月

夏小姐	东先生
性别：女	性别：男
年龄：31	年龄：25
职业：某中外合资公司部门经理	职业：某中外合资公司员工

■ 她说：

我是一个事业心比较强的女人，大部分时间都扑在工作上。朋友们都笑我说，你总是这么忙，哪有时间去找男人？我说，我有车有房有事业，找男人干吗？虽然嘴上那么说，心里还是挺着急的，我特别想要一个孩子，当然两个也行。除了工作，我也会留心有没有合适的男人。但我接触的圈子，男人的年纪都不小了，优质的早结婚了，四五十岁离异的也有，但我觉得年龄差距有点大，还是希望找个跟自己同龄的，或者稍微比我年长一些的男士。生活中不容易碰到如意郎君，于是我注册了一些婚恋网站，也见过上面的一些男人，但最后要么是我没看上对方，要么是对方没看上我。倒是有一个我觉得不错的，他对我也挺热情的，但我俩的关系却一直没有实质性的进展，也许这就是传说中的暧昧吧。

当我越来越失望的时候，却在最没想到的地方遇到了东先生。东先生算是我的下属。我们的初次见面是在我办公室里，那是他面试的最后一关。当时是四选一，其实他们四个人的综合评分差不多，那为什么最后招了他呢？我招人的时候，除了看能力，也会看面相，算是我个人的一种迷信吧。我觉得一个人的个性好坏，往往能从面相上反映。这个部门很注重团队合作，个性不好的人，工作能力再强，也做不好teamwork。我说的面相不是指好看不好看，好看的人也可能有让人讨厌的面相，不好看的人也可能有让人舒服的面相。总之，我招进来的所有人，无论男女，都是我看着顺眼的人。后来我也反思过，也许我跟东先生的恋情并不是一段“美丽的意外”，而是我下意识里，将我对恋人的期望，投射到对员工的要求中，比如得长得顺眼、有责任心、诚恳等。只不过我对恋人的要求更多些，比如我不会要求我的员工眼里只有我一个女人。当然，这些都是跟东先生分手后，我才意识到的。

东先生进公司后，刚开始还挺正常的。慢慢地，我隐隐约约觉得他对我有好感，总觉得他看我的眼神跟别人不一样，但又不敢确定。毕竟他比我小不少，我一直跟自己说：你想多了！

这样的状态持续了大概四五个月，直到有一天我在办公室给他交代完工作，他突然提出要辞职。问起缘由，他沉默不语。

我说："你干得不错（这是实话），希望你再好好考虑一个星期。"

他说："不用考虑了，已经想了很久。"

无论是作为上司，还是作为女人，我都不希望他辞职。我很好奇他的辞职理由，忍不住问道："你是不满意这里的工作氛围吗，还是找到了更好的工作？"

"都不是。"他说。

我说："那你为什么非要辞职？"

一阵沉默之后，他低着头说："我可以离职以后再告诉你理由吗？"

"不行。"我也不知道自己为什么会突然生气，继续不屈不饶地逼问他，尽管内心有个声音在指责自己：你这样太不专业了！

他继续沉默，这让我更生气了。

“因为我喜欢你。我打算离职以后追你。”他抬起头看着我说。

一部分的我吓了一跳，一部分的我舒了口气：嗨，原来我没想多！更多部分的我感到很开心，这让我自己都有些吃惊。我终于敢向自己承认：我也是喜欢他的，只不过觉得不现实，所以一直压抑着自己的感觉。

我很快恢复镇静（至少表面上看起来如此）：“如果只是这个理由，你没必要辞职。你先出去吧。”

他好像还想说些什么，不过最后只是“嗯”了一声，走了出去。

接下来的几天，我表面上气定神闲，当作什么也没发生过一样跟他相处，内心却疯狂地纠结到底该怎么办。我翻出他的简历，再次确定了他的年龄，二十五岁！比我小六岁!这太不现实了！但“现实的”那些男人，我又没感觉，这可如何是好?

到了周六，他给我发短信，问我愿不愿意出来见个面，我说好。

在一家小而温馨的日本料理餐厅，他说：“今天你能不能不做我的上司？”我说：“今天是周六，这里也不是办公室，现在我本来就不是你的上司。”那顿饭我们吃得很愉快，东拉西扯地聊到各自的生活。我俩都是湖南人，他父亲在某电视台工作，母亲经营一家服装店。我们还谈到了对恋爱与婚姻的看法，我俩都认为“不以结婚为目的的恋爱都是耍流氓”。

末了，他说：“我特别渴望有个自己的家庭。希望你能把我当成结婚对象来考虑。至少给我一次机会让我证明自己。”

其实我答应跟他一起吃饭时，也不知道自己到底想干什么。当听到他说渴望有个家庭时，我被触动了。**我见过不少只想谈恋爱、不想结婚的男人。如果两人都有诚意，也许年纪差距真的没什么，我努力说服自己。**

我问他：“谈一个比自己年长的朋友，就不怕家里人说你？”

他说：“我妈就比我爸大，我这算是继承了家里的优良传统。”

我们就这么在一起了。随之“舆论压力”也不出意料地来了。朋友里，有阴阳怪气说“哟，真厉害”的，也有好心地提醒说“当心被占便宜”的，更多的人表示无法接受比自己小的男人。一个朋友还跟我讲了她朋友被老公卷走钱的故事。我想这是在暗示我，也许他是个“小白脸”，冲着我的钱才跟我在一起。直觉告诉我，他不是那种人。我遇到过空有口头承诺、却没有实际行动的男人。而东先生则相反，他很少说些腻歪的话，总是细心地记住我不轻易间透露的小愿望，并尽力帮我实现。比如我在微博上说：突然想吃草莓了。午餐时间，他饭都没顾上吃，就跑出去找有卖草莓的地方，偷偷送到办公室来“孝敬领导”。那时候办公室里的人都不知道我们在恋爱，所以在公司，他的身份不是我的男朋友，而是我的下属。我很讨厌这种感觉，搞得像是在做什么不正当的事情。当然，我们也可以选择公开恋情，但那样太不明智了，女上司和下属谈恋爱，这事儿要是让公司的人知道了，对他对我都不利。

我为什么如此确定他不是“小白脸”型的男人，除了平时他对我从来不抠门，出去吃饭啥的，都是他买单以外，有件事更让我坚定了自己的看法。

我自己有套一居室的房子，他租住在一套开间公寓里。既然是以结婚为前提谈朋友，我们觉得先住在一起比较明智。我让他搬去我家，毕竟那是我自己的房子。他说：“你不也得月供吗？还是你搬我家吧！把你的房子租出去，租金正好可以帮你付月供。”

我说：“那样的话，我帮你出租金吧？”

他说：“开什么国际玩笑！”

我说：“那一半一半？”

他说：“怎么，学外国人AA制？作为一个中国男人，我真接受不了。”

在一起不久，我便搬进了他家。

为了不让我在公司难受，他再次提出辞职。我说：“不要冲动，就算要辞职，也得找好新东家。这样吧，我俩都去找找新工作，谁先找到薪水更高的工作，谁就辞职。”结果我离开了公司，他留了下来。为了让他安心，我骗他说，新公司给我开的薪水要高很多，其实也就多了大概五百块钱。新公司离他家很近，两站地铁就能到。在我的坚持下，他开我的车去上班，我坐地铁。反正不在一个公司了，我也不怕别人知道我们的事情。相反，那时候恨不得全世界都知道他是我男人才好。回想起来，这也许是唯一让他“占便宜”的地方吧。

除了甜甜蜜蜜，我们当然会有些小冲突，偶尔也会拌拌嘴。第一次真正意义上的吵架，是因为他最好的朋友小赫。小赫是他二十多年的朋友，两人穿开裆裤的时候就认识了。他跟我讲了不少与小赫在一起的童年趣事。那天他说小赫从老家来了，要在北京找工作。我说：“那让他来家里吃顿饭呗。问问他要找什么工作，也许我能帮上忙。”

他说：“亲爱的，你太好了！”

小赫出现在门口时，我傻眼了。

小赫居然是个女人！不仅是个女人，还是个年轻又漂亮的女人！

肚子里一阵翻江倒海，涌起醋意。吃饭的时候，我一直忍着，不让自己发作，尽量笑脸相迎。男人就是迟钝，东先生一点都没察觉到我的不爽，还嘻嘻哈哈地开玩笑。不过小赫应该是感到了我与她之间的尴尬气氛，吃过饭便早早告辞了。

小赫走后，我让东先生去洗碗。他把碗放到洗碗池里之后，说太累，休息一会儿再洗。我说，你总是这么说，最后还不都是我洗？两人就这样，你一句我一句，为洗碗的事情吵了起来。其实我心里清楚，自己发脾气跟洗碗完全没有关系，我根本不介意多洗几次碗。

人有时候就是这么可笑。我不想去质问他跟小赫的关系，因为那样会显得我小肚鸡肠、无理取闹，于是采取了一种更加无理取闹的方式来发泄。

当天晚上，我们就和好了。但那一夜我都没睡着，回想起之前，他晚上聊QQ，聊得咯咯笑，我问他跟谁聊呢，他说跟小赫。当时我以为小赫是男人，也没多想。知道了她是女人，我越想越不舒服，越想越吃醋。哼，男女之间哪来什么纯洁的友谊？

此后，我们的争吵明显多了起来。我向朋友们求助，她们都说是东先生不厚道，青梅竹马怎么可能没有一点问题。大家建议说，这件事上，没必要装大度，应该直接跟他摊牌。终于，在一次激烈的争吵中，我爆发了，叽里呱啦将憋在心中的妒忌和怨气一并吐了出来。

他说没想到我会吃小赫的醋，跟我解释了很多，说来说去，其实就一个意思：我们真的只是朋友。

我说："我就是受不了你跟她做朋友，你要么选她，要么选我。"

然后我开始哇哇地哭，那是我第一次在他面前哭。

他走过来抱着我说："她就跟我的妹妹一样，准确地说，就跟我的弟弟一样，我从来就没把她当女孩子看，但你要是实在觉得不舒服，我不跟她联系就是了。”

他当着我的面删了她的手机号，拉黑了她的QQ。

他是一个信守诺言的人，那天之后我也一直没发现任何他们还在联系的迹象。本以为我们可以回到小赫来北京之前的日子，但某些东西已经悄无声息地改变，怎么也找不到以前那种感觉了。我天真地以为，只要让他们断了联系，小赫就能彻底走出我们的生活。但她就像一个幽灵一样横在我们中间，我能阻止他去见她，但我无法阻止他思念她。他像丢了魂似的，成天闷闷不乐。我得到了他的人，她得到了他的心，原来小赫才是真正的赢家。嫉妒让我抓狂，每天我都生活在痛苦之中。但我又不能说他什么，毕竟他没有再跟小赫来往。那段时间，我们吵了很多架，都是为一些鸡毛蒜皮的事情。每次吵架，最后都会扯到小赫身上。一扯到小赫身上，他就说：“你无理取闹，我说不过你。”然后他就是沉默，无论我说什么，都不开口。后来我也懒得说了，只是跑到卫生间里哭。开始几次，他还跑来安慰我，后来他也不管了。

有一天我下班回家，他做了一桌子菜等我。我隐约感到这是他要跟我分手的前兆，我强忍住眼泪，坐下来吃饭。他说：“为什么我们非要这样？为什么我们不能开开心心地过？”

我说："我们还能开心起来吗？"

他说："我们曾经很开心。"

我俩都累了，不只是累，简直是身心疲惫。我早不是小姑娘了，我耗不起。那天我们谈了很多，最后决定和平分手。

"我们还能做朋友吗？"他说。

"不能。"我回答。

分手后不久，一个朋友看到他跟一个年轻女孩在一家餐厅里说说笑笑，非常亲密。听她的描述，我觉得那人应该是小赫。我心里特别不是滋味，想打电话给他。朋友说："你能说什么呢？你们已经分手了。"

是呀，我能说什么呢？

虽然是和平分手，但还是让人难过得要命。明明还有感觉，却再也没了可能，心里很不甘心，又无可奈何。白天总是有事要干的，而夜晚的清闲却可怕得要命。在白天，繁忙的工作多少会阻碍些许伤感的念头在头脑里扩散。但当四周一片漆黑时，思想可以跑得很远，甚至跑到理智也抓不到的地方。最初的那些日子，尤其是我们第一次单独吃饭的场景一遍遍地在我眼前闪现。我一次次地从梦中醒来。每次我都祈祷再一次入睡，以结束醒着的苦楚。但每一次入睡，又会带来更加痛苦的醒来。半醒时的胡思乱想和半睡时的梦魇缠绕在一起，陪我度过漫漫长夜。

我没有人可以倾诉。朋友们只会说一些类似“我早说过姐弟恋不靠谱，分了挺好的，别难过了”的话，没有一个人真正理解我的痛苦。独自一人面对不幸有时比不幸本身更可怕。这让我更加觉得孤独，更加觉得自己失败。

■ 他说：

一开始是我先追求夏小姐的。那时候真的被她迷住了，心想一定要试一试。我也知道追求自己的上司并不明智，所以决定先离开公司再表白。向她辞职，她没有批准，我一时没忍住，就向她表明了心意。

一进公司我就感到她身上有种很冷静的气质，遇事不乱，处事不惊，这是我最欣赏她的地方，我觉得男人找老婆就得找这样的。有次我接手的一个项目出了些问题，客户很生气。当时我的自信心深受打击，同时也很担心怎么跟公司交代。最后硬着头皮跟她报告了情况。她没有发火，只是冷静地说：“你先出去，我给客户打个电话。”

不知道她跟客户说了什么，最后客户答应再给我一次机会。

我重做项目的时候，她过来帮我梳理错误，嘱咐我下次一定注意。在她的指点下，我交出的东西终于得到了客户的认可。

不仅对我，她对其他员工也这样。虽然她很少冲员工发火，但她绝对不是那种“老好人”领导。她会观察这个人最好能做到多好，并帮助他（她）达到自己的最好水平。当然，如果这个人的最好工作水平达不到她的要求，她会果断开除这个人，无论此人嘴巴多甜、人缘多好。

她手下的人不多，但个个都很服她。

那时候我觉得她是个理想的结婚对象，成熟，聪明，独立，而且挺有女人味儿的。

谈了恋爱才发现，职场里的她跟情场中的她，简直是两个人。我们总是在吵架，还都是为一些小得不能再小的事情。后来想想，我们分手的根本原因是：

她妒忌心太重，不信任我；而我缺乏让她信任我的耐心和能力。

刚开始的时候，我们还是很幸福的。曾经有人说，成熟的感情就是两个人聊天时能亲密无间，沉默的时候也不会尴尬。我一度以为，我们的感情很成熟。我把她的情况跟家里人说了，他们也不介意我跟她谈朋友。本来还说过年的时候带她一起回老家，给我父母看看。结果父母还没见着，我很快发现自己想错了，她非常不信任我。她总是以“老女人”自居，并逼问我为什么喜欢“老女人”。

我不介意她比我大。我介意的是她认定我介意，无论我说什么都不相信。

“那么多年轻姑娘你不选，为什么偏偏选我这个老女人？”

“你嘴上说不介意，心里肯定介意。”

“坦白一下，又怎样？我又不会吃了你。”

……

我问她：“我要怎么样你才能放心？”

她说：“男人谁不喜欢嫩的，这个我完全能理解！但你这么不诚实，叫我怎么能放心呢？”

有次我实在受不了，就说了一句：“行了行了，我喜欢年轻的。”

“哇，终于承认了。”她竖起大拇指。

从此以后，我更加不得安宁。她不停地用我喜欢年轻姑娘说事儿。我有个一块儿长大的朋友叫小赫。

她总是问我，小赫年轻又漂亮，为什么你不跟她好？

我跟她说，我对于太熟悉的异性，反而不会有那种想法。而她说：“青梅竹马怎么可能没点事？那天我们一起看的什么什么剧，男主角跟女主角不就是青梅竹马吗？男的一直不承认喜欢那女的，最后不还是在一起了吗？”

居然用电视剧情节来说事儿，还理直气壮的，我真的哭笑不得。

我说：“我要对小赫有意思，我早追求她了！你老这样怀疑我，我心里就不委屈吗？”

她说："就算你对她没意思，保不准她对你没意思！"

无论我怎么解释，最后"有理"的都是她。

她禁止我跟小赫联系，虽然我觉得太过分，但那时我还爱着她，不忍心看她那样哭闹，就答应了她，删除了小赫的号码。

其实我保证不再联系小赫之后，我跟小赫还见了一次面。不过我觉得这不算是违背诺言，因为我是去跟小赫道别的。这么多年的朋友，一声不响就把对方拉黑，这不是我的风格。我把情况如实跟小赫说了，小赫说她能理解，也不会怪我。

当初考虑到这种上下级的办公室恋情，肯定会有闲言闲语，我们也商量过要不要搞"地下情"，但我俩都不喜欢那种偷偷摸摸的感觉。幸运的是，她找到了一份更好的工作，我们再也不用谈这种"见不得人"的恋爱了。

有次吵架的时候，她告诉我，其实新公司开的薪水并不比以前的公司高多少，而且还得花很大精力去适应新的工作环境。她说："你知不知道，以你的资历，很难找到现在这样的工作，我是刻意要让你留下来的。"听到她这么说，当时我还挺感动的。但慢慢地，她让我觉得，那件事是我欠她的，所以我得"报答"她，必须有求必应。我特别不喜欢这一点，我又没逼她辞职，那完全是她自愿的，她没有权利用这件事来要求我什么。我为她做的所有事情，都是因为我爱她，而不是为了报答她。

为了弄清我跟小赫是否还在联系，我知道她经常查我手机、翻我包。我没有拆穿她，但我心里特别难过，觉得她怎么就不能信任我呢？难过久了，就变成失望。对她感到失望，对自己感到失望。而她不理解我这种失望，她觉得我是因为见不到小赫而不开心。她怎么就不明白呢？我所有的不开心都是因为她。我是一个比较固执的人，觉得要是爱一个人，不管多么艰难，我都会努力跟她在一起，不会放弃。终于有一天，我不想再努力了，因为我发现自己已经不爱她了。分手那天，我跟她说："你知道吗，适度的嫉妒可以促进爱情，而过分的嫉妒是爱情的头号杀手。"

她说："呵呵，当一个女人真正爱上一个男人，那她肯定会有强烈的妒忌心，根本就没有什么'适度的嫉妒'这种说法。我就不信你能找到不爱吃醋的女人。"

说实话，我也不知道自己能不能找到，不过我还未放弃寻找。

分手后，小赫又回到了我的生活里，当然，她仍旧只是好朋友。

也许能天长地久的，终究是友情，而不是爱情。

分手故事四

在想象中热恋，在想象中分手

“她说：我要留点尊严，早点撤吧。

他说：她爱的、恨的，都是想象中的我。”

分手故事四

在想象中热恋，在想象中分手

恋爱时间：一年

小姑娘	M
性别：女	性别：男
年龄：25	年龄：32
职业：审计师	职业：审计经理

她说：

那时候的北京，还不像现在这样，一阴天一下雨，就是不折不挠地连绵一礼拜。我上大学那会儿，夏天常常是万里无云，偶尔下一场雨都是恩赐，仿佛会有什么稀奇古怪的人或事，要伴随着落雨来人世间走一遭。

去M公司面试那天早上，居然好巧不巧地下起了瓢泼大雨，冷风卷着水滴，绕开雨伞的虚弱抵抗，刮得人一身湿气。好不容易挨到了公司大堂，我收起伞便急忙忙地朝前台奔去。待我报上姓名学校后，那位妆容精致的前台女士指了指身后的沙发，眼神却在我的脚上打了个转儿，短暂又轻蔑。我低头一看，鞋尖上的一只蝴蝶结已随风而逝，仅存的一只，无精打采地耷拉着，怎么看都是浓浓的拙劣味。我掐了掐时间，咬咬牙从沙发上站起来，去公司楼下的新天地迅速买了双高跟鞋。当我昂首挺胸地一边接受前台惊诧的目光，一边朝着面试的会议室走去时，心却在为刚花出去的半个月伙食费而滴血。我直直地朝那扇门走去，就这样直直地撞入了一出晚间八点档的剧情，因为门背后，迎接我的是“烂俗办公室恋情”的男主角M。

是的，我是M亲自招进来、一手培养起来的得力干将。我随他征战大江南北，一个项目接着一个项目。每当看着他面对刁钻的客户应付自如，谈笑间卸去对方大半功力时，我的那颗少女心就砰砰地跳，都是崇拜。很快，我们这个行业里让人闻之色变的“忙季”到来了。所有人每天都顶着一副黑眼圈，满眼血丝地扎根在电脑前，看着报表，改着报告，做着底稿，往往到了半夜，整栋办公楼还是一片灯火通明。

这个时候，M手上的一个项目报告，临时要做大改动，时间紧迫，他当天就把在大上海出差的我召回北京，往他办公室一坐，两人二话不说就开始忙活。不知不觉，等我再抬眼看表的时候，时针竟已滑过了凌晨2点，M揉揉眼睛站起来说：“完工，回家吧！”我疲惫地看着他，领带早已解下，平常熨得笔挺的衬衫都是褶皱，不禁扑哧笑出声来。他一脸狐疑，待反应过来，恼怒地伸手拍我头。我赶紧躲开，调皮地继续对他笑眯眯，没想到他突然走过来，一脸无奈地揉了揉我的头，眼里仿佛有亮光，又似火苗般灼人，我闪了闪眼神，说：“走吧。”他开车先送我回家，车到楼下，他过来帮我解安全带，距离太近，如火要燎原，一点即燃。他偏偏这时候问道：“不请我上去坐坐？”我闪了闪眼神，说：“走吧。”

自从那一晚在一起后，我俩之间的火势就熊熊一发不可收拾。假装不经意路过他办公室的偷瞥，一块儿选的情侣水杯，下班后走一站地等他的车来接，抱着枕头一起商量新项目的方案——那快乐，像小时候从邻居家偷来的糖，含在嘴里怕化了，表情太愉悦呢，又怕会被旁人发现。

只不过现在回头看，我当时真是被喜悦冲昏了头，忘了他同时也是个严厉得出了名的上司，而我，只是个初出茅庐的小丫头。一回跟一个同事P一起做项目，P高我几个level，又存了要跳槽的心思，因而基本上把所有的活儿都分给了我。任务重时间紧，我一望着P的背影，便如谢耳朵般，用手指戳着自己的太阳穴，幻想可以发射出隐形脑电波，用意念击毙敌人。最终，当他在某日凌晨12点又给布置了一项任务后，我这头骆驼被彻底压垮了！于是我不管不顾地爆发了！一口气把他的罪状和我的不满全都倾倒而出，并坚定地表示：本姑娘不干了！不过，P君也不是吃素的，转身就跑到了M办公室告状。我当时一脸笃定，内心台词是：哼，谁怕谁？

但令我跌破眼镜的是，M一听完整件事，当着P的面，劈头盖脸地把我骂了一顿，并勒令我明天一定要交上那份报告。事情最后的结果就是，P一脸小人得志地踱出了办公室，我则被M留在他办公室，表示要“再聊聊工作态度”。等P把门关上后，M这才卸下刚才的冷面孔，拍拍我的肩膀：“你看你，我不过说你几句，就掉眼泪了，快擦擦吧。”他递给我几张纸巾后，继续说道，“你知道P是什么来头吗？他叔叔是咱公司的大老板。这事儿就算你再有理，惹到大老板，咱俩谁都吃不住，还是打落牙齿往肚子里吞吧。”说完，他安静地瞅着我，等我表态。可是他不知道的是，在他说完刚才那一番话后，我心里的某个角落已经开始崩塌了，那个角落的我正心碎地喊道：天哪，这是我一直敬仰的人吗？自己爱的人受了欺负，只因对方有点背景，他就毫不犹豫地丢弃了我，和那无耻之徒一起指责我，难道我爱的一直是个懦夫？或者更可怕的是，会不会他其实根本就不是真的爱我，只是把我当作一个新鲜的玩具呢？**我越想越恐慌，好像掉进了一个无底洞，却找不到出路。**看着他期盼的双眼，我只好轻轻地点点了头，说："我懂。"

从那以后，我的心里就埋下了一个死结，开始带着批判的眼光，去推敲他做的每一件事。如果一个项目获得了老板的表扬，他那天就会特别高兴，非要带我去商场买衣服或者鞋子；他开始带我见他的朋友们，哦不，应该说，生意伙伴们。他们一帮人会各自带上女伴，去郊区打个高尔夫球。而这个时候，他一般都无暇顾及我，把我丢在一堆浓妆艳抹的女人里，自己则和"潜在合作伙伴"聊天谈生意；他有一群自学生时代就特别要好的朋友，每个周末都会聚餐，可他基本上不带我去，给的理由只是那里面有在同一个公司上班的朋友，看见了影响不好。可我有一回瞄到他手机里的聚会照片，上面分明还有他的前女友。我有一天就没忍住，生气地问他是不是担心前女友看到我，结果他只是不耐烦地挥挥手，让我早点休息，不要想太多。

这一切一切的迹象，仿佛都在将我引向一个结论：别傻了，你在他心里只是一个年轻的小姑娘，正好有一副还不赖的皮囊，可以供他工作之余解解闷。张爱玲说起自己对胡兰成的爱，用的是恨不得爱得把自己低到尘埃里去。读书的时候，我就对这种爱嗤之以鼻。凭什么两个人要这么不对等地去爱呢？**真正的爱，适合你的爱，难道不应该是两个人肩并肩地站在一起，互相扶持互相信任，给彼此撑腰、给彼**

这个时候，好巧不巧地，前面出现过的跑龙套的P同学又出现了，最让我惊奇的是，他居然没辞职，还当起了一个半大不小的官儿，借着官职，让M把我借给他做一个星期的项目。我坐在M的办公桌前，安静地看着他的眼睛，问道："你确定？"M点点头，一副哄小孩的语气："乖，就一个星期，很快就过去了。"我对自己说，给自个儿留点尊严，早点撤吧，此人非良人，此地也非久留之地。在大概有一分钟的沉默之后，我安静地看着他的双眼，说道："我辞职，我们分手吧。"说完，留下M一脸震惊地坐在办公椅上，我昂头挺胸地走了出去。之后我辞职，把他手机号码拉黑，再也没有联系了。

分手后，我和当时的同事也断了往来，常常关起门来就是一整天，谁也不想见。虽然意气用事地把他拉黑，过几天还是没忍住，偷偷去黑名单那里查看，发现他一开始连着打了三天的电话。我不是没有心软，毕竟人心肉长，暗地里跟自己说，要是他明天再打电话过来，我就接，正好和他好好对质一番。结局你也知道，第四天手机就再也没动静了，我的心也就这么冷下去了。这么多年过去了，身边人来来回回换了好几拨，我也渐渐不再对过往介怀。回看来时路，其实当年的自己，年少气盛，不知天高地厚，的确小女孩脾气多了点儿。哪来那么多为爱拔刀、不顾前程的戏码？不过是琼瑶小说看多了罢了。

■ 他说：

工作的第五个年头，我升职当了经理，新官上任的第一天，人力部就给我派了个新活儿：面试应届毕业生。那天的记忆，之所以到现在都特别清晰，是因为一个小姑娘。那天我到得早，就无聊地坐在外面大厅翻杂志。过了一会儿，进来一个浑身湿漉漉的小姑娘，模样倒是俊俏，估计是来面试的大学生吧，可总是时不时地低头瞅自己的高跟鞋，十分不自在。我用余光一偷瞄，怪不得，鞋子被雨水浸泡得厉害，都不能看了。忽然，她倏地站了起来，转身就往楼下走去。我看得一愣一愣的，心想现在的年轻人，真是看不明白啊，怎么还没面试就走了啊？结果过了差不多有二十分钟，小姑娘仰着头踢踏踢踏地又回来了，精神状态可是比之前好多了。我又用余光一瞄，不禁无声地笑了起来，只见原来那双鞋子不见了，取而代之的是一双楼下新天地的专柜高跟鞋。有点儿意思嘛，我看看手表，起身往面试用的会议室走去，心里盘算着，以后有这个小姑娘陪着加班，应该不会太无聊吧。

入职没多久，小姑娘就和我混熟了，工作起来像个拼命小三郎，像当年的我。看着她在办公室里忙碌着，马尾在脑袋后面一翘一翘的，我有的时候竟看得失了神，这可真不像我自己。有一回加班，我俩虽然都熬得双眼通红，可她毕竟年轻，精神头儿还挺好，还有兴致开我玩笑。我看着她离我不远的小脑袋，一时没忍住，伸手就揉了揉。小姑娘像是被吓着了，木呆呆地看了我一会儿，又害羞地去看别处，那模样真是可爱。送她回家到楼下后，我忍不住又想去逗逗她，就问道："都到你家楼下了，怎么不顺便请我上去坐坐呢？"没想到，这回小姑娘害羞归害羞，居然颇有胆量地就邀我上去了。这不是羊入虎口是什么？

在一起以后，小姑娘更可爱了，我都奔三的人了，不得已还用起了她给我买的卡通水杯。一开始都是美好的，可渐渐地，小姑娘的孩子脾气就显露出来了。有一回工作的时候，我去找她修改下报告，提了点个人意见，我这边刚开口没说几句呢，小姑娘噼里啪啦就回道："为什么呀？做这些有什么意义吗？改来改去还不是一样！多没工作效率呀！"说完还眨着大眼睛，百思不得其解地望着我。这叫我怎么下台呢？不发火吧，周围的员工都在偷偷打量我们这边呢；发火吧，也不行，小姑娘回家得怪我在那么多人面前凶她了。我缓了缓情绪，只好搬出"上级指示"来镇她，不过以她不畏强权的直性子，我还真怕这招不会一直管用。

果然，没过多久，小姑娘就给我捅了个大娄子。那段时间，她和同事P一起搭档做项目，每天晚上回到家，她就一脸苦大仇深地跟我抱怨P的极品事迹。这种事情吧，工作这几年我遇到的次数也不是一回两回了，知道其中的痛苦，可熬过来以后，才明白那句“杀不死你的使你更坚强”真的是至理名言。所以我一边安抚她，一边开导她，希望能给她点帮助。没料到，有一天晚上，P居然气冲冲地敲开我办公室的门，说她的工作态度非常不配合，项目没法做下去了。要知道，P在公司里出了名的难惹，仗着自己叔叔居高位，向来对旁人颐指气使，大家都是能躲就躲远点儿。无奈之下，我只好把小姑娘也叫了进来，指责了她几句，算是把P给敷衍了过去，之后又怕她想不开，把她留下来单独解释了一番。好在小姑娘算是明事理，思考了一会儿，懂事地表示理解。

工作上的事情摆平了，结果感情上又出问题了。我有一帮狐朋狗友，经常会周末小聚，其中有一位恰好也在我们公司上班，远近闻名地爱嚼舌根，可每次聚会他都会去，轮到我组织的时候，也实在不好意思不叫他。要是带上我家小姑娘吧，被他瞧见了，肯定得在公司里传得人尽皆知。我倒是无所谓，可小姑娘刚入职，就被大家知道和自己的上司在一起，影响得多不好呀。以后年末评分或者升职，估计都会有人在背后窃窃私语，以她的耿直性子，还不定得多气愤呢，所以，每次聚会我也就不带上她了。没想到的是，她竟然对这件事这么介意，有一回看到我们的聚会照片，认出上面有我大学时候的前女友，非说我不带她去，是因为还对旧情念念不忘，任我怎么解释都没用。一开始，我还好声好气地摆事实讲道理：你看呀，虽然这个聚会不带你去，可我和工作以后认识的、不是一个公司的朋友聚会，可都是把你带上的呀。可她还是一个劲儿地纠结我的前女友，天地良心啊，我和前任现在纯粹是好朋友，人家现在都有男朋友了好吗？到后来，我也累了，就由着她闹，结果她又说我一定是“玩腻了”“厌烦了”。我本来是满腔柔情蜜意的，她成天这么闹，弄得我最后也筋疲力尽，双方陷入了冷战。

过了一周，她居然先打破了僵局，主动敲开我办公室的门，说要和我商量P找她做项目的事情。我觉得自从上回和P的争端后，她应该吸取了教训，吃一堑长一智了，可出乎意料的是，她是来问我能不能回绝P的。这不是让我难做吗？于是我好声好气地劝她，就当多锻炼锻炼。再说了，她已经惹过一回P了，就算这回我找个理由把P糊弄过去了，难保P不死心下回故技重施呢。小姑娘沉默了一会儿，丢给我一句“分手”就拍拍屁股走人了。我呆若木鸡地坐在那里，半天脑袋都是空白的。再打她手机，就显示一直无法接通，给她留言发信息都石沉大海，公司同事也说自从她辞职后，再也没和她联系过。

我一直对这段关系为何会走到这一步感到十分困惑，她单方面就给我定了罪状，然后不给我辩白机会，就切断了一切和我的关系，只在某一天夜晚给我发了一条信息，写道：原来我爱的一直是自己想象中的你。所以多年以后，她主动联系我，问我是不是愿意做这个采访，我一是惊奇，二是抱着一探究竟的心态答应的。

现在，看完了她的述说，我倒是觉得，何止她爱的我，就连她恨的怨的我，也是她自己想象中的我。她给自己编了一出华丽的剧，抱着非黑即白的心态去看待我俩之间的问题，然后用她自己的方式，自以为“有尊严”地结束了一切。其实，所有关系中的问题，不都是要靠两个人放下姿态，好好坐下来，敞开去谈，才能一起解决的吗？出了什么事情，如果都像她那样，动不动就搬出“分手”这个杀手锏，到头来，也只会让感情千疮百孔吧。

分手故事五

不爱了，就是不爱了

“他说：我搞不懂是怎么结束的……

她说：我确定我不爱他了”

分手故事五

不爱了，就是不爱了

恋爱时间：六个月

Craig

性别：男

年龄：27

职业：建筑师事务所员工

怡冉

性别：女

年龄：27

职业：平面设计师

他说：

我出生在北京，很小的时候随父母移居阿姆斯特丹。去年我被公司派到北京做一个为期半年的项目，在北京的第二个月认识了怡冉。那时候我俩都失恋不久，最开始无非是想在对方身上找点安慰。接触了一个月之后，我发现她身上有许多可贵的优点，比如温柔细心，通情达理，很照顾别人的情绪，并且厨艺超群，每次到她家吃饭，都能给我惊喜。

慢慢地，我们之间的短信不再是简单的“你今天有空吗？要不要来我家？”，而是多了许多甜言蜜语。聊天的内容也不再是“我的前任是极品”，而有了真正的对话交流，比如，各自的青春故事，对事业的规划，对男女关系的看法，等等。也许是因为几个月后注定要分离，谁都没有把“爱”字说出口。

直到临走前的几天，我举办了一个告别派对，同事和朋友们都来了。派对快结束的时候，我跟怡冉都有点醉了。一个朋友问我们：“你俩是不是在一起了？”怡冉看了看我，没有回答。我说：“嗯，是在一起。”那位朋友转身离开后，我凑到她耳边问：“你不介意吧？”她笑了笑说：“我们明天好好谈谈吧。”

事实上，当天派对结束后，我们就去了我家。那晚我们并没有做爱，而是躺在床上聊天。

“我们应该在一起吗？”我问她。

“你爱我吗？”她问我。

“爱。”

“我也爱你，那为什么不在一起呢？”

于是我们正式在一起了。我唯一的担心是异地，怡冉却对此很有信心。她说，只要感觉对了，距离没有关系。我告诉她，我会争取尽快再来北京。她也说一有空就会去荷兰找我。

回荷兰后，我们每天都会在网上聊天，互发微信，总有聊不完的话题。

转眼新年到了，我们相约在泰国普吉岛见面。那一礼拜我们过得非常甜蜜，她甚至提到想结婚，我觉得有点太急，希望彼此再了解一下。她表示完全理解。离开泰国的前一天晚上，有点小小的不愉快。那晚我们一起去了一家酒吧。她去洗手间的时候，有个女孩过来跟我说话。她从洗手间出来看到我们，脸色很难看。女孩识趣地走开了。整整一个晚上，她都闷闷不乐，问她怎么了，她却只是说她很好，就是累了。

直到我们回到酒店，怡冉才终于开口，问我为什么要在她眼皮底下搭讪其他女孩。我解释说，我没有搭讪她，是她主动来跟我讲话的。想不到怡冉更生气了，摔门而去。我追上她，问她到底怎么了。她没说话。我们就这样肩并肩地在酒店的花园里走着，一圈又一圈。

走了大概有半个小时，她深吸了口气，问道："她来找你，你可以拒绝跟她说话呀！"

"不是不想拒绝她，只是……只是不想显得那么粗鲁。我本来就是想应付她几句，然后脱身。她问我是不是跟朋友一起来的，我说是跟女朋友一起来的。”

“你当真那样说的？”

“是呀，我发誓！”

所有的不愉快，在随后的亲热中烟消云散。那是我第一次见她生气，我想她是因为在乎我，才会吃醋的。

在机场分别的时候，她塞给我一件小礼物。我拆开一看，是我以前跟她提到的一本书。她在书上勾勾画画，还在空白处画了许多有趣的插图。上了飞机，我仔细一看，原来书里藏着一封写给我的情书，这里几句，那里几句，既跟书本身的内容有关，也跟我有关。比如，男主角跟女主角，发生了口角。她在批注读书心得的同时，也会对我说："亲爱的，你记不记得有一次，我们也遇到过类似的问题，但你处理的方式显然比这个男人成熟多了，感谢你对我的包容……”言语间充满了对我的赞美与感激。

回了家，我立刻给她打电话，邀她来阿姆斯特丹。我说，让我给你订机票吧。她说尽量争取过来，不过机票不用我操心。

没多久，她真的飞到阿姆斯特丹来了。她正好要换工作，便跟下一家公司说，还有一个月才能从目前这家公司离职。事实上她已经离职了，所以空出了一个月的时间。在北京的时候，虽然我对她说过“我爱你”，其实心里并不是太确定，但她到阿姆斯特丹的时候，我已经无可救药地爱上了她。我带她见了我的家人和朋友。我认真地跟她说："要不你搬到阿姆斯特丹来吧。"

她笑着说："我又不会荷兰语，来也只能洗盘子。"

我说："你不用工作，我可以养你！"

她说："让我考虑考虑。"

她回北京后，有次我跟几个朋友在外面喝酒。她发微信来说很想我，问我在干吗。我老实回答了，她说想跟我视频聊天。我立刻找了个借口，飞奔回家。虽然她嘴上从没说过不放心我，但我想她应该还是有点担心的。这点我并不介意，我根本没有要欺骗她的打算，时间自会证明我对她的忠诚。那天我们在网上聊了很多实际的东西，并再次聊到结婚的话题，这次我觉得自己已经完全做好当丈夫的准备了。

但没过几天，她的态度却莫名其妙地冷淡起来，网上很少在线，电话也常常不接。好不容易打通了，我问她为什么不接电话，她要么说在开会，要么说没听见。我终于忍不住问她："为什么对我这么冷淡？是不是不爱我，或者爱上别人了？"

她却说："你想多了。入职新东家，工作繁多，又不敢怠慢，压力很大……"

听她那么一说，我反倒内疚起来，觉得也许真的是自己想多了。

我终于又争取到一次去北京出差的机会。我给她发了一封很甜蜜的邮件，并将具体的航班信息粘贴在附件里，她的回邮也很甜蜜。我走下飞机时，发微信跟她说我到了。她回了我一个笑脸。当时我有种感觉，她已经站在接机口等我了，只要一看到她，之前的一切不安和怀疑都会立刻消失得无影无踪。

但她却没有出现在机场，那天她甚至没有给我打电话。

晚上，我沮丧地向一个朋友诉苦。他说："有些女人就这样，你不怎么在乎她的时候，她非要粘着你；你一旦待她如女王，她还真以为自己是女王了。现在你得潇洒一点，憋着别给她打电话，等她先来找你。"

憋了四天，她都没联系我。到了第五天，我实在忍不住，打电话约她到××餐厅吃晚饭。临到要见面时，她发条短信给我：临时有事，能不能改到明天？对不起。

那一刻，我知道我们彻底结束了。往日的柔情犹如一场突如其来的暖风，风过之后，剩下的只有凄凉潮湿的空气。孤独之后仍旧是孤独。在黎明似乎要到来之际，黑暗又再次降临。

只是我搞不懂我们是怎么结束的，这个问题困扰了我很久很久。她如果不爱我，为什么说要跟我结婚？为什么要送我那么特别的礼物？她如果爱我，为什么会这样对我？甚至有朋友分析说，她想通过我移民，可能是遇到更好的利用对象，就放弃我了。但我觉得这太扯了。不过也许从一开始，我们的关系对她来说就只是个游戏，现在她玩腻了，所以退出？

■ 她说：

一开始我就很喜欢Craig。他长得挺帅，懂的东西也很多，让我有种碰到了人生导师的感觉。这正是我需要的——一个能让我崇拜和学习的男人。在一起之前，我们已经上了好几次床。朋友都跟我说，爱上炮友是很蠢的。所以我一直小心翼翼，从不提爱这个字。有时候觉得他也是爱我的，有时候又觉得那是自己自作多情，不敢抱太大希望。出乎意料的是，他竟然在自己的告别派对上，当众承认我们是一对儿，那天晚上我觉得自己快幸福死了。

接下来是泰国之旅，我们一起做的浪漫事情我就不细说了，无非是沙滩漫步、烛光晚餐这类，说起来很俗气，但身处其中时，感觉却犹如在天堂。曾经在某本杂志上看到过一句话——我们最终选择的，总是那个让我们笑得最开心的那位。在泰国那一周，我感觉自己欢笑的时刻，比之前的二十几年加起来还多。那时候我认定了这就是我的Mr.Right，想嫁给他这样幸福地过一辈子。

然后我满怀希望地去了他生活的城市——阿姆斯特丹。之前无论是北京，还是普吉岛，他其实都是在某种“度假”状态，而非“生活”状态，展现的也都是自己最有魅力的一面。这也不能怪他，是我自己把他“理想化了”。我最欣赏那种有才华、有学识、有魄力的男人。到阿姆斯特丹之前，我觉得他就是那样的男人。进入他的真实生活后，我才发现他不是那样的，比如出门忘了带钥匙，需要去朋友家拿备用的，这样的小事都能影响他一天的心情；还有他发表的很多让我佩服的睿智观点和人生感概，其实只是在重复他父亲的话而已，这是我见过他家人之后才发现的。这些都不是什么大问题，也不是说他不好，就是深入了解后，才发现实际的他，跟我心目中的那个他，不太一样。人们总说，爱情会蒙蔽双眼，让你看不清对方。当我看清以后，爱情就不在了。我不知道如何是好，便发微信把状况告诉了在北京的闺蜜A。闺蜜A说：“世上哪里有完美无缺的男人呀！过了新鲜期的爱情都这样，别纠结什么爱不爱的。他对你那么好，而且性格、收入和家庭背景都不错。你还发啥神经呀？这样的男人你都不要，是想孤老终身吗？”

我不甘心，又发微信给闺蜜B，她的言论跟闺蜜A的如出一辙。我感觉她们说得也很有道理，于是努力说服自己还爱他，并继续扮演一个合格的女朋友。直到那天他说让我搬去阿姆斯特丹，还说要养我，而我居然没有任何幸福与激动的感觉，于是我确定，确实不爱他了。

我本打算回北京后，给他发封邮件说分手，但写着写着，正好他也上线，他跟我打招呼（我们用的邮箱，是可以在线聊天的那种），说了很多甜蜜的话，我又把那封邮件删掉了。我把这件事情告诉了几个闺蜜，本来是想让她们帮我建立一点提分手的勇气，想不到又被她们集体批判了一顿，不停地给我灌输什么“嫁人就得嫁爱你的，而不是你爱的男人”。

其中一个闺蜜，更是道出了我的软肋。在他之前，我谈了两次恋爱，都是以被分手告终。她说：“你不是最痛恨那两个甩你的人吗？你不是说甩掉自己对象的人都是浑蛋吗？既然最后选择离开，当初为什么同意在一起？现在你自己跟那俩浑蛋前男友，有本质上的区别吗？”

是呀，我不能成为自己最痛恨的那种人。我下定决心不再多想，继续跟他在一起。甚至又跟他提到结婚，就是想把自己逼到一条无法回头的路上。可越是决定不再多想，想得越多，我越来越觉得嫁给一个自己不爱的男人，那样过一辈子，实在太可怕了。就算当个浑蛋，就算成为自己最痛恨的那种人，也比嫁给自己不爱的男人强。再说，让他娶个不爱他的女人，这事儿对他也不公平。

最后我想说，他并没有做错任何事，错都在我。我把他想象成了一个100分的人，当发现他只有90分时，难免会有心理落差。实际上90分已经很不错了，要是一开始我觉得他只有80分，那也许就是另外一个故事了。我们结束的原因其实很简单，我对他没感觉了。只是那时说不出口，就想着慢慢冷淡，让他自己明白。我觉得最对不起他的地方，是没早点说出真相。以我的个人经验，被所爱的人一个“No”直接Pass掉，并不是最痛苦的。**最痛苦的是，你分不清对方心里是Yes还是No，对一个人的绝望中还抱有一丝希望，这其实比彻底绝望更折磨人。**除了对不起，还想说句谢谢，首先想谢谢他陪我度过的那些美好时光，其次要谢谢他让我摆脱了自身曾被抛弃的怨气。那两个离开我的人，他们也一定有他们的理由，只是我不知道，或者不愿意知道而已。

分手故事六

自己都丢了，如何爱下去？

“他说：时间久了，我有一种要窒息的感觉。

她说：分手那刻，我反倒有一种解脱的感觉。”

分手故事六

自己都丢了，如何爱下去？

恋爱时间：一年

吃货小姐

性别：女

年龄：25

职业：自由职业

温吞先生

性别：男

年龄：30

职业：外企员工

他说：

她是大家朋友圈里公认的美女，不过绝不是传统意义上的那种白富美。她皮肤黑黑的，瘦瘦小小的，五官有一种异域的味道，浑身有一股特立独行的劲儿。今天在哪个神秘餐馆吃饭，明天又呼啦啦一帮朋友去郊区玩儿。总之，她的行踪飘忽不定，所以我一直都对她很好奇。不过，我的性格又不是那种积极主动型的，基本上也就只是默默地关注着她。

令我没想到的是，有一天，她突然在微信上约我一块儿吃饭，还是个没听说过的越南餐馆。我没多想，抱着好奇心答应了。平时跟她在生活中没什么交集，对她也不太了解，那天才发现，她原来是个这么好玩儿的人——古灵精怪，吐槽起来，那真是神仙都要被气得跳脚。酒足饭饱后，我就顺势提议找个酒吧，继续喝点小酒，没想到她一口就答应了。

喝到微醺的时候，我心想，难不成她一直偷偷喜欢我，所以才约我出来吃饭喝酒?

于是便试探性地问她："你怎么突然约我啊，要是我今天碰巧有事来不了，你可怎么办？"

她倒好，一仰头一杯酒下肚，答得干脆利落："那我就再找别的帅哥呗！"

这回答听得我一肚子火气，这姑娘也忒不会说话了吧!

那顿饭后，我俩变得比以前热络许多，微信也聊得更火热了。周末的时候，我们会相约去北海公园看夕阳，一起绕着故宫的护城河骑车。互动得越多，我对她了解越多，她那种随性率真的个性也越来越吸引我。

某日吃饱喝足后，我内心小鼓擂动地提出了在一起的革命想法。

没想到，她眨眨眼睛居然就答应了，我雀跃极了！

可更没想到的是，在一起以后，她愈发不可收拾地约我吃喝玩乐，像是笃定我不会拒绝她似的，也不管我正在忙着给老板交东西呢，还是下了班累得只想躺床上瘫着。一开始，我想着佳人有约，不得不去呀。可日复一日地，我渐渐也招架不住了。

差不多每隔十几分钟，我的手机里就会收到一条她的微信，内容无非是哪里看到的稀奇新闻，今天她做了什么，问我在干什么。如果我超过五分钟没回，她就会换一种口气，继续问我在干什么。一开始，我是受宠若惊的，但是也架不住她这么腻歪，时间久了，慢慢就有一种快要窒息的感觉了。

但是她好像什么都没觉察到一样，仍旧隔三差五地就给我送东西。有的时候是一件T恤衫，有的时候是一个小零钱包。有一回，她送了我一瓶家乡的饮料，是我随口提起过的，全北京只有少数的几家小超市有卖。她居然穿越了大半个北京城，抱着一大瓶饮料，在我家楼下等着，我当时不得不说是非常感动的。但是这个礼物，让我感动之余，不禁心想：这个傻姑娘，会不会太痴狂了呢？

其实，我自己到最后也觉得非常困惑。她那么一个美女，怎么就突然喜欢上我这么个要财没财、要貌没貌的白领男了呢？唯一合理的解释呢，只可能是大美女以往人人宠爱，花见花开，车见车载，没想到遇到我这么个呆木头，不像平常的仰慕者那样捧着哄着，大美女“迎难而上”的精神大爆发了。

但对我来说，温开水那样细水长流的感情才是最好的，她这坛烈酒，我怕是承受不来。可是，要怎么开这个口和她挑明，我却实在也没个头绪，但又不忍心伤她，于是只好采取了烂俗的“冷暴力大法”：微信慢慢地回得少了，约会也慢慢地没那么频繁了。一切行动都只有一个宗旨，只希望她可以领会精神，多给我留点儿私密的空间，让我能够好好喘息会儿。

就在那个时候，曾经的上司找我喝酒谈心，聊着聊着，他鼓励我可以出国深造一下。正好那个时候，我眼下的工作也正处于瓶颈期。和家里一说出国读书这个想法，长辈们也都表示支持，于是我不由得动了心。要说男生的心思，变得也是很快。当时我对她充满了好奇心，喜爱之情并不是假的。可一旦她表现得心悦诚服，时刻都要黏在一起的时候，我顿时就没了当初的那种热血沸腾了。

万事俱备，只剩下如何跟她提这个事。不过奇怪的是，事情顺利得超出了我的预期。当我犹犹豫豫地和她坦白想法后，她居然爽快地表示理解。很显然，她的表情分明透露着伤心，但如果再仔细看她的眼神，却又有一缕如释重负的讯息。我虽然不太能理解，但最后我俩可以说是和平分手了，也不失为一件好事吧。

其实我们两个在一起的时间不长，我能想起来的，也就这么多了。说句大实话吧，我到现在也想不通，她当初到底是看上我哪一点了呢？也许你跟她聊完，这个困扰我多年的问题，才有答案吧。

■ 她说：

我想，大概这个世上从哥们儿变成情人的，故事应该都很俗套吧。毕竟平时就知根知底，什么臭脾气呀怪毛病的，都一清二楚，谈起恋爱来，自然也就轻车熟路，基本上应该也没什么激情可言。但你若事后细细回想，到底是在哪一天的哪一秒，革命友谊发生了质变，自己却反而怎么都摸不着头绪了。非要形容的话，就好像“叮”的一声，房间里的那一盏灯突然被拧亮了，从此满室生辉。

在朋友眼里，我无组织无纪律惯了，就算谈起恋爱来，那也是三分钟热度，谁都别想管着我，是个彻头彻尾的“恋爱自由主义者”。同时，我也是个享乐主义者，特别喜欢到处胡吃海喝。每日乐此不疲的事情，莫过于琢磨城中最地道的越南菜藏在哪条胡同里，南非运来的苹果酒在东四哪个酒馆里，可以逗猫看书有落地大窗户的咖啡吧怎么走，等等等等。饮酒作乐的时候呢，自然少不了呼朋引伴，今天她有空，明天他作陪，倒颇有种“朋友遍天下”的豪爽。

和温吞先生倒是早就认识的，印象中，他总是一副好好先生的样子，怎么激他，他都不跟你急。性子温吞，可见家教涵养有多好，好到让我觉得，此人非我同类，于是也就从来没单独约过他。有一年冬天，我突然兴起，想去吃越南河粉，翻了翻手机，正好见他在微信上，于是一拍脑门也没多思量，就随手约了他。本来也没抱什么期望，见他那边好久没个回音，心想：嘿，你觉得别人不是你同类，说不定别人也对你有同样的看法呢！没想到，过了几分钟，微信居然传来了他的回复，简短的俩字：好呀。

那家越南餐厅特别隐蔽，于是我俩就约在地铁口见面。其实我有一阵子没见他了，温吞先生本来也不是什么惊世的大帅哥，所以对我来说，他的长相甚至都有一点儿模糊了。但不知道为什么，那天的场景我到现在还记得。那天他出现的时候，穿了件黑色的棉外套，领口和衣襟口滚了一圈狐狸毛，见了我，眯起眼睛一笑。我一晃神，错觉以为看见一只傻傻的东北小狐狸，跑出来蛊惑人心。那一顿饭具体吃了什么，我也记不得了，只记得温吞先生一进餐厅就说："为了感谢你带我来这么优质的餐馆，这顿我请！"我彼时立马心想：我的天，新一代酒肉朋友从此诞生了！

不过毕竟吃人家的嘴短，况且我也是个有骨气的姑娘，于是就有了"下回妹妹请客！"，一来二去如此往复，就慢慢熟络起来，他成了我一个可以吐槽、可以喝酒、偶尔调戏的好哥们儿。

事情开始发生微妙变化，是在某一天的中午。我休假在家，就从网上买了一袋三黄鸡，兴致勃勃地盘算着，要炖个鸡汤给自己补补。结果快递一送到，打开包装袋，我立马就傻眼了。这可是一整只完好无损的鸡啊！跟想象中应该已经统统切好，鸡翅是鸡翅、鸡腿是鸡腿的情况完全不同啊！我拿着菜刀站在厨房半天，怎么都下不了手，好不容易闭上眼睛剁下去一刀，倒把自己吓得要死，一边鬼哭狼嚎，一边念佛经给鸡兄超度。

实在没辙的时候，我突然想到，温吞先生不就住在我家附近么！我赶紧就在微信上吼了一嗓子，结果这位先生还真开着小车火速地来救场了。一到我家，水都没来得及喝上一口，就开始在厨房又是杀鸡又是炖汤，好一通忙活。而我，望着他那娴熟的刀法和做饭的架势，顿时就星星眼地表示膜拜了。后来提起这事儿，大哥表示非常不满意："你说你合适吗，哪有第一次邀请男人去你家，就是为了杀只鸡的？连口水都没给我喝！" 此为后话。

待我吃完，腆着肚子歪在沙发上，这位先生又拉着我说："走，你不是说过肩膀疼想按摩么，正好我晚上约了个师傅，手艺可好了。"

我一听，愣了几秒钟，就这么呆呆地看着他，心想：哗，这个人可真厉害，懂得投你所好，又那么稳妥细致、温柔坚定，真是让人拒绝不了。之后的在一起，也就顺理成章、水到渠成了。

我不知道，是不是所有的姑娘，在确立关系之后，就心里满满的都是那个人的影子了，起码原来的我，可从来不这样。如果出门游玩，看到什么新奇玩意儿，都想着给他也来一个；遇到有什么好玩儿的事情，都赶紧掏出手机跟他微信一个；一天24个小时，恨不得起床一睁眼就能收到他的微信，晚上睡觉前也得微信说晚安。仿佛两个人突然有了说不完的话、约不完的会。

朋友们看了他的照片后，都一阵惊奇："这跟你以前交往过的那些大帅哥，还真是两条道上的人啊！"每每这个时候，我脑海里浮现的，都是他静静地看着我叽叽喳喳的眼神，被逗乐时一副忍俊不禁的表情，然后傲娇有力地回答道："你们不懂！这才是真爱！"

至于最后是怎么突然走到分手的，理由庸俗：他要出国读书，而我们两人对异地恋，都不抱任何信心。当时自己是非常痛苦的，想不通，明明昨天还跟你甜言蜜语的这个人，怎么今天就大变样了，说马上就要远行，再也不能见面了呢？

那段时间，大概有那么一个礼拜吧，天天以泪洗面。对我来说，整个城市好像一个二战遗留战场，不管走到哪儿，我都得万分小心，生怕一个不留神就踩到了记忆的地雷，和他的过往就会"砰"的一声在眼前回放。可是，到了第八天，真的是一到第八天，我突然一觉醒来就痊愈了。朋友们都觉得不可置信，我又变回了那个爱吃爱喝爱闹爱笑的姑娘了，偶尔还能开开温吞先生的玩笑。别说朋友了，就连我自己，也觉得挺神奇。

现在坐下来聊一聊，再重温这段往事，我突然觉得，其实最重要的原因是在和他交往的那段时间里，我心里一直隐隐有个声音在问：你是谁？我已经不认识你了。仿佛魔障一样，我每天分分钟都想要和他见面，关心他会不会因为加班而饿肚子，总是不计回报地想要对他好。到后来情况变成，常常是我说的多，他只是一味地沉默。慢慢地，他开始以“工作忙”作为借口，我俩约会的次数也骤减了。我一方面得不到回应，四处找友人吐苦水，一方面却又出于不甘心，厚脸皮地继续跟他撒娇。很多时候，连我自己都觉得，这姿态真是有够难看，但也没有别的办法停止。**仿佛是个上了发条的机器人，盲目地不懈地做着“对他好”这一件事儿，丢失了自己。**

就在那个当口，他要出国的事情一定下来，我倒反而有一种解脱的感觉。怎么说呢？就好像那些手机里存着的照片，我们肯定一开始都不舍得删。但是如果有一天，你的手机突然被偷了，你可能会魂不守舍、心如刀绞一段时间。等没过几天，你估计会觉得，仿佛丢了的手机，是上天给你安排的一个契机，又或者是一个推力，逼你下决心删掉那些回忆的旧相片。于是你心想：呼，那就这样吧。就到这里吧。

如今看了他的那段访谈，我觉得当年的我俩，倒还真是应了这么一句老话：并非一股脑儿地对他好，才是爱他的表现；只有用他需要的方式去爱他，才是真正地对他好，否则都是徒然。

我当时这么单方面全心全意地付出，反而会让对方觉得，嗨，原来得来全不费力气啊！而一旦我开始拼命地付出，他受到了惊吓开始变得冷淡，那么这段关系也就陷入了恶性循环，离分手也就不远了。

最后，我这厢空有一副温柔缱绻心，他却早已兴致索然。

分手故事七

没有沟通，感情就会死掉

“她说：我说他没有出息……

他说：我从头到尾没有和她探讨过我的想法。”

分手故事七

没有沟通，感情就会死掉

恋爱时间：三年

董小姐

性别：女

年龄：24

职业：国企职员

YMCA先生

性别：男

年龄：24

职业：民营企业家

她说：

我俩是初中同学，不过那时彼此的生活基本就是两条平行线——我爱玩爱闹不爱读书，心里知道男生们喜欢我，也愿意和他们混在一块儿；而他，说实话我实在想不起来有什么让人记忆深刻的事情了，用“乖乖男”三个字足以一笔带过。后来升高中，我俩还是一个学校，只不过不在一个班，我忙着和初恋折腾，他变成了“隔壁班乖乖男”。然后我们举家搬到了北京，和他也就没有交集了。而我，在另一个城市仍然忙着和初恋折腾，分手又复合。大三那年的夏天，我又一次和初恋分手，顶着疗伤的名号，跑回了西安消夏，顺便见见那群狐朋狗友。那天的聚会，我照例把自己灌得浑浑噩噩。逮着谁，我就把酒杯往桌上一撂，摆出如泣如诉的表情，吧哒吧哒地抖自己和初恋那点儿破事儿，用朋友的话来概括，就是“此乃老子宿命的爱人，老子不相信他就这么不搭理我了！”“这个孽障我要去灭了他！来我们先干了这杯！”

酒过一轮，我拿着空杯子去吧台换新酒，舞池里开始响起了那首经典的《YMCA》：

“Young man, there' s no need to feel down

I said, young man, pick yourself off the ground

I said, young man, 'cause you' re in a new town

There' s no need to be unhappy.”

我眯着眼睛跟着哼哼，瞥见前方一个戴帽子的男士，也正跟着音乐摇摆，左手在空中欢快地打着拍子。于是我挤到他身边，和他一起晃着，仿佛要把那些糟心事儿都晃掉。正当我自嗨得起劲儿时，耳边忽然听到有人喊我的名字，更令人错愕的是，声音就来自身边的这个YMCA男！还没等我回过神，他就已经开始自我介绍了：嘿！董小姐你不记得我了啊！我是Y啊，咱俩一块儿上的初中和高中呢！我大脑瞬间短路了：搞什么鬼，那个胖嘟嘟的乖乖男呢，怎么现在又高又瘦，还会哼YMCA这么怀神的歌啊！待我终于反应过来，第一件事就是拽着他往沙发上一坐，又开始叨叨：哎，你还记得当时和我同班的那谁么，姐姐我初恋！

第二次再见，我仍然喝得醉醺醺，这回和他聊天，话题就多了。原来他去过英国做交换生，原来他从我离开西安后就开始变瘦了，原来他也喜欢听五月天，原来他记得我中学时代那些臭名昭著的糗事。

那会儿我一个人在西安也没什么事儿，酒逢知己千杯少嘛，正好他也放假在家，于是我俩就经常街头巷尾地喝酒唠嗑。有一次，我又不小心喝多了，以至于整个胃都在痉挛，疼得额头直冒冷汗，怎么都走不了。他二话不说把我背在背上，找了附近一家快捷酒店把我安顿好后，又下楼去买胃药。我疼得迷迷糊糊的，隐约见他在房间里手忙脚乱地找茶杯，烧热水，冲药剂，又担心水太烫，不断用嘴吹着。“来，起来喝点儿，不烫了”，他一边俯身在我耳边说道，一边用手掌撑着我的背，把碗递到我嘴边喂药。我苦着张脸，还是一直喊疼，他干脆让我靠到他怀里，仍旧一手拿碗，另一只手轻轻地揉着我的胃：“这样呢，有没有好点儿？”我嘴上说着“好你妹”，但心里想着这哪里是在揉我的胃，简直是在抚摸我的小心脏嘛。当然啦，孤男寡女的，揉着揉着胃吧，就发生了点儿别的擦枪走火的事情……

之后，他顺理成章地成了我的新任男友。彼时，我尚未走出上一段恋情的阴影，但有个人照顾着，嘘寒问暖，一开始也觉得没啥不好的。其实，按身边朋友的话说，他对我是越来越好的。在西安那会儿，他就到处骄傲地带着我去见朋友；两个人聊着聊着，他经常会不经意地提起我初中的趣事；我吃东西的小偏好，他一次就能记住，下次总能投我所好地送上各种贴心的小零食。

有一年的冬天，他回英国上最后一学期的课，我待在北京上学，例行视频聊天的时候，我一边和他讲话，一边正无聊地刷着微博。这时候，正好一朋友转发了一双UGG设计师新推出的雪地靴。我不自觉地惊叹道：哎呀，这鞋可真好看！他听到后，好奇地追问到底是什么东西把我迷成这样，于是我随手就把那个靴子的链接发给了他。之后，这事儿就被我抛在了脑后。未曾想，没过几周的某一天，我下课回来，这双靴子就已经漂洋过海地躺在了宿舍楼下的包裹里。当时我自然是感动得涕泗横流，在视频的时候狠狠地夸了他一番，也把同宿舍的室友们羡慕得够呛。但这双鞋背后的故事，我当时并不知道。其实他那个时候在国外也是省吃俭用，花钱也是拮据的。但为了给我买这双鞋，他自尊心那么强的一个人，却拉下脸来，找同在英国的朋友偷偷地借了钱，才有了这双鞋。

说了这么多好的地方，现在说说让我头疼的地方吧。好不容易，我俩苦哈哈地熬了一年半的跨国恋后，他顺利地在英国毕了业，我北京这边的大学生活也结束了。照理来说，牛郎织女总该相会了吧，可糟心的事还真不少。虽说我俩老家都是西安的，可我的爸妈都在北京工作，我的家在北京，我爸妈年纪也大了，自然是希望自己的女儿可以跟身边待着，照顾起来也方便。而他呢，从小土生土长的西安人，家里的七大姑八大姨都在西安，更别提他爸妈还经营着一家旅店，老两口当然是盼望着儿子学成归来，回老家给自己搭把手，将来也好继承家业。让他为了我留在北京？这事当然是最理想的，但是我心里肯定觉得愧疚，怎么都没法开口跟他商量这想法。结果，出乎意料的是，他居然在飞机降落北京的第一天晚上，就拉着我的手，斩钉截铁地说道："董小姐，咱俩就在北京好好过吧！"

我顿时就被惊呆了："你……那你爸妈咋办呀？你在北京找到工作了吗？你住哪儿呀？"

他把头一扬，意气风发地回答道："我爸妈老盼着我给他们找一俊俏儿媳妇，这有一现成的，二老肯定不会拦着我追求爱情呀！再说，工作有啥愁的，我怎么说也是英国高等学府毕业的海归啊，慢慢找呗，好工作还不手到擒来呀。至于这住的地儿，我一发小现在也在北京呢，我先跟他那儿挤挤，等找着工作了，我再出去租个百来坪的大

house，到时候咱小两口就搬出来同居，这日子还不立马就红红火火起来了吗？”

我被他逗得扑哧一笑，觉得困扰了我许久的难题，就这么轻易地解决了，想想也挺好。回家和我爸妈一说这事儿，二老也觉得，唉，这小伙子挺懂事，会疼我们闺女。于是，我也就安安心心地去了我爸给安排的国企上班。至于他那边儿，就由他自己捣鼓去了。

可是，这日子一天天过去了，我俩成天见面吃饭的，他的工作，却一直也没个动静。我心想，再等等吧，说不定过不了几天，他就找着工作了。可过不了几天，他突然扭扭捏捏、吞吞吐吐地拉着我的手说道："宝贝儿，我哥们儿的媳妇儿要搬过来跟他同居了，我再住他那儿就不太合适了。"

我吃惊道："那咋办呢？要不你先找一个还凑合的工作，先领着薪水，租个便宜点儿的房子？"

他也不看我，沉默了一会儿，继续说道："这不我最近在北京溜达了一圈，也没啥合适的工作。要不……要不我先搬到你家住着，等我找着工作了，立马就搬出去！你看咋样呢？"

我心想，这算怎么一回事儿呀，可又不好立马就回绝了他，只好说："那我也得先回家问问我爸妈，看他俩什么意思呀。"

可想而知，我爸妈一听这事儿，立马就不乐意了。最后没办法，他在北京又人生地不熟的，只得我出去找中介，租了个比较便宜的、小到不能再小的公寓。可是，搬进去没多久，他就成天窝在家里面，郁郁不得志地上网玩游戏。我去他那儿找他，他也没个好脸色，更可怕的是，有一回我从厨房出来，就见他阴沉着一张脸，指着我微博下边的一条留言说：“我就知道，你俩果然还在联系！”我莫名其妙地一看，原来是我初恋给我留了言，但我俩之前从来都没联系过，估计是因为那条微博提到了我俩共同的朋友，他出于好奇才留了几句话。我觉得这也太捕风捉影了，于是就翻了个白眼说道：“你瞎想什么呢？懒得理你。”

更更可怕的是，之后的几个月，每回我去他家，他都拉着我追问：“你爸妈怎么也不喊我去你家吃饭了啊？”见我不回答他，又问道，“唉，我说，是不是因为你初恋也在北京，你爸妈比较乐意喊他去你家吃饭啊？”

我一听，火爆脾气立马就上来了：“你这人怎么回事儿啊，工作你不好好找，成天净想些有的没的，能有点儿出息吗？”这话一出口，顿时我俩都安静了。这么重的话，我怎么就给说出来了呢？而他，沉默了一会儿，摆摆手说：“你回吧，我想自己一个人待会儿。”

第二天，我惴惴不安地又去找他，本想好好给他赔礼道歉，可迎接我的，却是敞开的大门和空荡荡的房间。他，就这么不告而别了。

我也有试过给他打电话，不过看来他是把我拉黑了。给他的朋友打电话，得到的统一回复都是："他最近不太好，给他点时间静一静吧。"我心里不是不担心的，但尝试联系过几次后，也只好安慰自己：他那么大个人了，应该不会出什么事儿的吧。就这样焦急地等了一个多月后，终于收到了一条他的简讯：我们还是算了吧。我看完后，觉得浑身的力气都被抽光了似的，想要做点什么，却又觉得做什么也没用。

大概，爱情真的就是"天时地利人和的迷信"，Timing不对，再怎么努力也是徒然。

■ 他说：

该怎么形容她呢，好像只能用"女神"这两个字才贴切吧。

说起来特别不好意思，我读初中那会儿，特别胖，估计董小姐也告诉你了吧。可是，我这么一个胖小子，却癞蛤蟆想吃天鹅肉，成天默默地关注着她的一切蛛丝马迹——今天她背的是一个红色的小书包，可真好看；昨天和她一起放学回家的那个男生，好像是隔壁班的班长吧；不知道她明天还会不会去实验楼那儿的小卖部买麦丽素呢，我要不要去那儿守株待兔呢？时间，就在我日复一日的臆想中，从她飘荡的裙角旁，悄悄地溜走了。突然有一天，突然有小伙伴跑过来跟我说："嘿，你知道不，隔壁班那个美女要去北京了！"我心一惊："你说哪个？""嘿，就是你的女神，董小姐呀！"顿时，年幼的我，感觉五雷轰顶。

自从她们家举家迁往北京后，校园生活对我而言，也就只剩枯燥的考试和作业。那句矫情的话怎么说来着——我没有了你，也没什么大的变化。只不过，看天是天，看地是地，再没有诗句。家里人只是觉得惊奇，自己儿子怎么突然就跟转性了一样，成天看书学习，成绩蒸蒸日上。青春期的男孩子，个儿长得快，渐渐也对足球篮球产生了兴趣，放学了就跟一群哥们儿混在一起，竟然也摆脱了那一身肥肉，换来了结实的肌肉。董小姐，成了我课桌上的一个印记，一直在那儿，却再也没了消息。

转眼大学又放暑假，初中的老班长组织大家伙儿聚聚，吃顿饭喝个酒。那天发生的事情，估计我一辈子也不会忘记吧。我到了聚会的酒吧后，先去吧台拿了杯酒，就到舞池里跟着音乐晃。晃着晃着，我觉得自己肯定出现了幻觉，不然怎么会觉得自己旁边站的是董小姐呢。唉，不对啊，这就是董小姐！我瞅瞅自己那一身朴素的短袖短裤，油头垢面还扣一顶鸭舌帽，我去！怎么办怎么办，女神近在眼前，机不可失啊少年！于是，我鼓起勇气，喊了声：董小姐？女神回过头来，一副目瞪口呆的表情，我连忙自我介绍，帮助她找回记忆。

费了老大劲儿，我才成功地让女神想起了我这个当年的小胖子。结果，女神回忆完毕后，抓着我往沙发上一坐，居然开始跟我讲她的初恋悲情故事。我悲从中来，又不舍得放开女神抓着我的手，只好哭笑不得地听着她哭诉。

趁着女神还在西安，我赶紧趁热打铁，第二天又把女神约了出来。虽然这回她看起来还是很伤心，不过我俩终于有机会好好聊一聊，说起少年时候的那些共同的记忆，我俩都不约而同地笑起来。可以看出来，董小姐对于我不再是胖小伙这件事，还是相当刮目相看的，这让我内心不禁飘飘然起来。再后来，她和我一起喝酒，喝着喝着，却突然掉起泪来。一问，还是因为她想起了前男友，这下我的心就更疼了。可是下一秒，她却捂着肚子直嚷疼，我估摸着应该是空腹喝酒的缘故，可她这一副酒醉的样子，也不能把她送回家或者带回我家，我说带她去医院吧，她又特别抗拒。情急之下，我只好就近找了家旅店，开了间大床房，又噔噔噔下楼给她买胃药去。后来说起这事儿，她老一脸坏笑地说：“这位同学，你当初肯定是故意的吧，开啥大床房啊，居心叵测。”其实，天地良心，当初真的就只剩一间大床房，不过我当时知道这个消息，确实是居心叵测地窃喜了一小会儿。

由于我大学最后一年还得去英国交换，所以在我俩异国之前，我每天都抓紧机会给董小姐留下好印象，巴不得她要什么就给她什么。我知道，她心里一时半会儿肯定还是忘不掉那个前男友的，没关系，我都等了这么多年了，再等等怕什么。只是，有的时候朋友聚会，偶尔有共同的朋友说起那个男生的名字，董小姐的脸上就会出现一种不一样的表情，仿佛许多情绪都在那一瞬间凝固了，我靠不近也猜不透，心里不是没有挫败感的。等到我去了英国，每天能做的，除了读书，也就只盼着可以有时间多跟她视频聊会儿天。只是，她白天都去见了谁，又有什么样的经历，我却只能在心里兀自猜想，又不敢想太多。只能自己美滋滋地筹划着，等哥哥我毕了业，可必须得天天守着我的女神！可是，为什么她从来都不提将来呢？

熬啊熬，我终于等到了毕业回国的那一天。走出机场看到董小姐的那一刻，我所有的顾虑和担心，居然瞬间都烟消云散了，她不提将来，那就我提呗，男子汉大丈夫，这有什么大不了的呢？可是，在我提出要和她一起在北京奋斗的想法后，她却一副呆若木鸡、毫无准备的表情，结结巴巴地丢了一连串问题给我，好像从来没有考虑过这件事情的样子。其实，我在北京举目无亲的，她算是我唯一亲近的人了，她家又在北京有一套挺宽敞的公寓，还有客房。我一开始的计划是，我回国后先暂住在她家，等找到工作后再搬出去，也算合情合理，毕竟她爸妈也见过我，一直就把我当准女婿看待。不过，既然她觉得我住她家不合适，自尊心作祟，我也就不说什么了，只好瞎编说有一个发小可以让我借住一段时间。实际上，我哪有什么在北京的发小啊，不过是在英国一起读书的同学，正好也因为女朋友在北京，于是和我一起回北京工作，答应救济下我，让我和他挤一个屋罢了。好在，我俩现在终于可以每天见面了呀，这才是最重要的，不是吗？见家长的时候，她爸妈见我为了董小姐，决定来北京工作，也是十分满意，吃饭的时候不住地给我夹菜倒酒，一顿饭宾主尽欢。

可惜，好景不长，和我一块儿住的那个哥们儿，自从回国后和女朋友的感情就如胶似漆，火速升级。姑娘是北京人，为了自己心爱的汉子，愉快地决定要从家里搬出来，和汉子共筑爱巢。这样一来，我再觍着个脸和情侣挤一块儿，实在是不厚道了。而且，瞧瞧人家姑娘，再对比对比董小姐，我止不住地就一阵心酸落寞。可让我主动跟董小姐提出搬进她家，我这老脸，还确实是挺难拉下来的；出去租一间房吧，我这工作还没找到的，吃喝平时都得跟我爸妈要钱，租房可又是一笔大钱，再伸手跟家里要钱，我也实在是不好意思。两相权衡了下，我决定还是跟董小姐提议提议吧。结果，她一副非常难办的表情，算是婉拒了我，说是要回家和家里人商量一下，我顿时心就冷了一大截。

不出意料，她商量完带回来的，果然是一个坏消息。董小姐为难地看着我，说："要不我出去给你找个便宜点儿的房子，你先住着？"我除了苦笑，还能说什么呢？罢也罢了，还是跟家里要点钱吧。我爸啥也没说，只在给我打钱的时候，在电话里说了句："要太累了，就回家，起码工作不愁。"我咬了咬牙，安慰道："没事儿，老爸，等我找着工作，再给你讨个儿媳妇回去。"

回国前，我满腔热血，胸有成竹，觉得在祖国母亲的怀抱里找个温饱的工作，还是没有问题的，结果现实却给了我一个当头棒喝。我大学专业是"国际关系"，要想找对口工作，那绝对是希望渺茫。找个别的工作吧，用人单位不乐意，我一刚毕业的小伙子，一没业务能力二没工作经验的，谁愿意招啊？董小姐虽然曾经和我提过，让她爸爸动用一下人脉关系，给我谋个安差。我一听也不乐意了，我堂堂名校毕业生，还得麻烦女朋友爸爸给找工作，也太跌份儿了吧，想也没想就给回绝了。

找不到工作，我自己也是心灰意冷，待家里除了上网、打游戏、等她下班，也没什么别的事干，又没啥朋友的。有的时候，我也会问我自己，这样有意思吗？真的值得吗？不过，一看到董小姐灿烂的笑容，我就觉得，值得！

我记得，那一天，是特别普通的一天，我照例点开微博，顺便去她主页看看，发现她最新的那条微博下，有一条新的留言。我瞅着那个人的头像眼熟，点进去一看，居然就是她那个阴魂不散的初恋前男友！我顿时火冒三丈，抓着她，非要她给个解释，其实哪怕她说一句“我跟他啥事儿都没有”，我也就原谅了。可她却只是翻了翻白眼，怪我瞎想。这更让我觉得，我一定是恰好撞破了他俩死灰复燃的奸情，逮着机会就对她冷嘲热讽。其实我也不知道自己当时是怎么了，那些尖酸刻薄的话，完全不受控制地从我嘴里说出来。最后她大概也是被我逼急了，脱口而出的那句“没出息”，生生地刺穿了我逞强的背脊，也戳破了我最后一丝希望。

第二天，我没留一句话，收拾了下简单的行李，回了西安。**我害怕面对她，害怕她质问我，为什么要当逃兵，为什么不再坚持一会儿，为什么就这么放弃了我们的爱情。**

我挺感谢董小姐的，她跟我说她想接受这个采访，我一开始还挺惊讶，毕竟都快两年没联系了。现在回过头来看，**有句话说得很对：所有爱情的悲剧，归根到底都是性格的悲剧。**那个时候的自己，还是太年轻气盛了，太要尊严啊面子啊这些虚无的东西。自己很多时候也是自尊心在作怪，觉得她肯定还忘不了前男友，又不敢问问她心里究竟是怎么想的；觉得她肯定没想过我们两个的将来。可事实是，我们两个人都在犹豫，都以为对方没有这个打算；而我又觉得她理所当然地应该把我当作将来的另一半，邀请我去她家住。其实我从头到尾根本就没有和她探讨过自己的想法，总是觉得，我是男子汉大丈夫，忍忍就过去了。

爱情，又或者缘分，世人总是把它神化了，神化成飘渺不定的东西。其实，所有的关系都是一样的，都需要关系双方的积极沟通，都需要确认你理解了对方，同时对方也理解了你。

道理那么简单，我们却悟得有点晚了。

分手故事八

你可以一辈子迁就对方吗？

“她说：激情总有烧光的一天，

他说：我的自私把她越推越远。”

分手故事八

你可以一辈子迁就对方吗？

恋爱时间：三年

罗拉	丹尼
性别：女	性别：男
年龄：23	年龄：24
职业：自由职业者	职业：程序员

她说：

第一次爱上一个人之前，我交往过三个男朋友，但没有认真谈过一场恋爱。那几段感情，其实都谈不上是“感情”，也完全没有在我心中留下任何痕迹。我之所以提到它们，是因为就这样三段不值一提的过往，却让当初的我觉得自己看透了爱情，看透了男人。

所以，我很感激在自己最傻的岁月里，遇到了这么一个单纯善良的人。

想起那时候的自己真是可笑，人生才刚刚开始，却认定这就是所有故事的结局，现在我才知道，丹尼只是我感情生活的起点而已，更惊心动魄的情感，还在后面。

不过我也能理解，当初为什么认定他是我的归宿。是这个人，在我们认识一周后，向我求婚。是这个人，送给我的第一件礼物是往返机票，只为了把我介绍给他的家人。那时候，他在老家有自己的公司，算不上什么牛叉的企业，但效益还不错。但我大学还没毕业，他受不了相思之苦，毅然关掉了公司，跑到我的城市。

当时的我，真的有种每天都中了头彩的感觉。每天晚上握着他的手，才肯入睡。早上醒来，都要傻傻地盯着他看上好一会儿，才肯美滋滋地起床。**那时的我们就像彼此的信仰一样，将对方笼罩在一种极具纯粹和美好的光辉中。周围的世界都黯然失色，只有彼此能让对方双目发亮，内心颤抖。**

我在日记中写道：如果将来有一天，我们中的一个人会受伤，我希望那个人是我。

也许你会问，这么美好的故事，是怎么终结的呢？

答案很平淡：时间。

丹尼也许是个王子，但我并不是公主，所以童话般的爱情，注定要终结。

没有小三，没有争吵。从我们认识第一天起，到我们离婚，再到现在多年的好友，我们没有吵过一次架。我选择离开的时候，我能看出他很伤心。但是他泪流满面，用尽全力挤出的三个字，不是“我恨你”而是“我明白”。

很多人，包括我的父母，都因为这件事指责过我的自私和不负责任，虽然我能为自己编织出万千理由，但我也知道这些指责都是事实。而最应该骂我的人，那时却站出来替我辩解，并告诉我：“不要内疚。你的内疚将是对我最大的侮辱。如果你真想补偿我，就不要再难过，去好好生活，去证明自己的选择是对的。”

到底是什么样的人，在自己深深受伤时，不仅完全没有报复之意，却还想着如何让伤害自己的人好受些？如果不是遇见他，我不相信世界上会有这样的人。从他身上，我感受到了什么是无私与善良，什么是真正的不求回报。虽然我自己并不具备这些美德，但后来我特别愿意相信人性中的善，这在很大程度上也是因为他。

这次感情，让我痛了好久。不是被伤害的人才能感觉到痛，当我们伤害一个人，尤其是一个自己很在乎的人，那也会痛的。就算是相隔这么多年，我想起当初分手的场景，还不禁眼眶湿润。

为什么说是时间终结了那次爱情？相爱的初期，爱情用激情来维持就够了，但激情总有烧光的一天。没有了激情，感情就需要其他东西来维持，比如共同语言。不是说我喜欢足球，你也喜欢足球，就叫“共同语言”；在我看来它是一种精神上的默契。柴米油盐，我们没有任何问题。有些人觉得，婚姻就是搭伙过日子。但我心中的理想婚姻，无论是日常生活，还是精神生活，都必须有默契。日常生活的默契可以培养，但精神生活的默契是培养不出来的。精神上沟通不了，就是沟通不了。越是努力去培养精神上的默契，越发现两人的频率完全不同。我喜欢思考一些他认为“没用的东西”，比如，为什么我会成为我，为什么你会成为你，为什么世界会是这个样子，等等，他觉得想那些是自寻烦恼、活受罪，“省点那些心思出来，你早就会使Linux了！”他思考的东西都是实际的、有用的，而思考和探讨这些“无用的东西”却是我人生的一大乐趣。经常听人说，寻一个既要生活和谐、又要能精神交流的伴侣，这太不现实了吧？是的，我就是这么个奇怪的人，想无用的东西，做不现实的事。但我相信，世界上一定一定还有人，也在想着同样的东西，做着同样的事。

也许有人会问，你嫁给人家的时候，怎么不说精神沟通的事呀？实话实说，嫁给他的时候，我自己也没什么精神方面的需要，每天想得最多的，就是周末去哪里玩，哪儿的衣服好看，哪家饭店的菜好吃，等等。但人的追求是会变的，乐趣也会跟着变。我想我们最后离婚，除了大部分是我的原因以外，还有一个原因就是结婚时，我们的心智都尚未定型，两人都处于人生的十字路口。最开始我们的步伐其实还是很一致的，但走着走着，就一个往东、一个往西了。**可恨当时自己那么年轻，又爱得那么热烈，没有一点理智去思考：现在合适，不代表将来合适。**也许应该等我们都成熟一些，再谈婚论嫁。

我们只能做到爱彼此，却无法爱对方所爱，到头来只剩相敬如宾、没话找话说的生活。很多人跟我说，很多人的生活都如此，甚至比这更糟，你为什么偏偏身在福中不知福？因为生命只有一次，我不想过“很多人的生活”，我要的是自己想过的生活。也许这辈子我都过不上自己内心真正期许的生活，但至少我归西之时，可以对自己说：至少我从来没有放弃内心的坚持。

尚未成熟，便许下终身承诺，千错万错都在我这里。如果我无私一些，大可将错就错，为自己的错误埋一辈子的单。但我是一个自私的人，不愿意带着“如果”生活。我不愿意老了之后，会不甘心地想：“如果当初我选择了离开，生活会是什么样子？”所以，还是直接把“如果”变成现实好了，这样就没有如果了。其实选任何一条路，谁都不能保证将来绝对不后悔。只是有些人后悔自己尝试了，有些人后悔自己没去尝试，而我，宁愿自己是前一种后悔。

很多时候，人生就这样，并不是谁有意要去伤害谁，而是面前只有两条路：要么负别人，要么负自己。人生在世，做不到无愧于所有人，只能无愧于自己。是的，像我这样自私又自恋的人，因为做不出对不起自己的事，只能对不起别人。

所以，在感情里我不喜欢迁就对方，如果非得把自己搞得很苦逼去维持一段感情，那这段感情我宁愿不要。同样我也不喜欢让对方来迁就我，不希望他为了我做任何他自己不喜欢的事。很多人觉得，和谐的感情必须互相有很多很多迁就，今天你为我憋屈，明天我为你忍受。曾经有段时间，我也这么认为过。但当我真的遇到了现在的伴侣——另一个“想着无用的东西，做着不现实之事”的人——时，我才发现，原来有种爱情，根本就不需要那么多迁就，根本就没什么地方需要去彼此忍受。除了共同的兴趣爱好，他做他喜欢的事情，不会妨碍到我；我做我喜欢的事情，也不会妨碍到他。**我们所有的改变，并不是想去迁就或讨好对方，而是我们想要进步，想要变成自己希望成为的那个样子。我们在一起，除了我爱他，他爱我，还有一个重要的原因是，跟他在一起时，我更像我自己，我更爱我自己，而他也如此。**我们一起陶醉于爱情，却不迷失自己。我们越来越了解对方，也越来越认清自己。

龙应台说过：“曾经相信过爱情，后来知道，原来爱情必须转化为亲情才可能长久，但是转化为亲情的爱情，犹如化入杯水中的冰块——它还是冰块吗？”常常听到人们说，婚姻里不需要爱情，只需要亲情就够了。我以前也那么认为，但当我的婚姻真的到了只剩下亲情、而没有爱情的时候，我实在是坚持不下去。

我相信，有一种爱情，它不需要转化为任何东西，它会永远以爱情的面目出现。这才是我最想要的爱情。

■ 他说：

罗拉老是说，我们离婚全是她的错，但其实并不能都怪她，我也有责任。是的，恋爱的时候，我们很幸福，结婚以后也没什么矛盾，而且很信任彼此。我本来以为“没有矛盾，互相信任”这两点已经足够维持一段婚姻了。后来才发现，对有些人来说，的确是那样，但对另一些人来说，却并非如此。

那时候，我们俩都不用出门上班，她是自由职业者，我虽然有单位，但不用坐班。她和我几乎每天24小时都在一起。我们的生活作息也很一致，都喜欢晚睡晚起。最开始这样的生活很美好，我们不受外界的束缚，彼此之间也不束缚，这也是为什么我那么爱她的原因之一。她总是让我做自己喜欢的事情，就算是她并不赞同的事，她也会说：“你喜欢就好。”比如，有一次我为了去德国参加一个电脑爱好者的聚会，推掉一个报酬颇丰的项目。那时候我们正打算结婚，手头也不是很宽裕。

一直以来，缺乏责任感的不是她，而是我。分手后，我们一个共同的朋友跟我说："你也不要太怪她。我觉得在你们家，你就像个长不大的小孩，而罗拉就像你妈。你活得太随意了，作为单身男人，那样活没关系，那叫潇洒。但作为有家室的人，那就是任性、不负责任，而罗拉总是放任你的任性。你这样的个性，需要一个对你严厉一些的女人。"

我想说，我不怪她。我怪我自己。家里什么事都是她在操心，任何问题都是她去解决，我也很少分担家务。我甚至都没有跟她说过你辛苦了这样的话。离婚后，我才意识到，噢，原来衣服不会自己变干净，床单不会自己铺好，饭菜也不会自己熟。

这些事情，她从来没有跟我计较过。她只是偶尔抱怨说："结婚后，生活越来越缺少'趣味'了。"

我说："再有趣的日子，过久了都会归为平淡。'趣味'是在平凡生活中加入的那个调料，香葱和胡椒之类的东西。如果你天天都吃胡椒，你还会觉得它香吗？"

她说："但是，你吃东西不放调料，也不行呀。"

她其实一直试图为我们的生活加入"调料"，但我却只接受我喜欢的"调料"，没想过她的"口味"。我带她去参加电脑爱好者的聚会，教她使用Linux，让她和我一起看我觉得有意思的电视剧。失去她

之后，我才意识到，原来我只是努力让她去喜欢我喜欢的事情，却从来没有尝试过去喜欢她喜欢的事情。

分手后，过了很久，我才有勇气去翻看我们在一起时候的照片。

一张照片里是雪地里用树枝画的两个小人，旁边写着罗拉和丹尼。我想起那天早些时候，我们站在窗边。

“下雪了！好美。我们去公园吧！”她雀跃道。

“哎呀，太冷了，不想出门。”我转身走进书房，坐在电脑旁。

“好吧，那我自己去啰。你的相机在哪里？”

另一张照片是我穿着新衬衣，得意洋洋地在镜头前摆出一个007的造型。

“快起床！商厦大促销，我们去买东西吧！上次我看上了一件大衣，觉得贵没买。现在五折！你去帮我参考参考！”她站在床边，打扮得很漂亮，脸上挂着微笑。

“那大衣多少钱？”

“八百多。”

我起身从钱包里掏出一千块，递给她说：“宝贝你自己去买吧。我还有点工作没做完呢。”

“哎，好吧。”她接过钱出门了。

她回来的时候，拎着一堆衣服。全是男士衬衣。

“我去试了试那大衣，上身效果不太好。正好隔壁男装店两折！我想还是给你买比较划算。快穿上试试！”

还有一张是我在酒店里熟睡的照片。那天我们躺在床上聊天，我记得她向我讲起她的梦想，却记不得她的梦想到底是什么。我一定是听着听着就睡着了，她趁着我熟睡，为我拍下了那张照片。

我继续往下翻看，一张张照片就像刀子一样割在我心上。我哭了，从记事以来，那是我哭得最厉害的一次，甚至比我们分手时更厉害。我幡然醒悟，是我搞砸了。**在一个女人最爱我的时候，我只顾着自己，当她不爱我后，我再怎么弥补也无济于事。是我的自私和不解风情，一步一步将她推得越来越远，直到我再也够不着她。**

离婚后，我痛苦了很长一段时间。我也尝试过去恨她，但头脑里越想恨她，心里却越思念她，思念我们在一起的日子。我知道她心里也不好受。婚姻没了，亲情还在。离婚多年，我和罗拉一直是很好的朋友。有些后来认识的朋友，在得知我跟罗拉曾经结过婚之后，都觉得太不可思议了。因为我俩在他们眼里，完全是好哥们儿的感觉。

我想，我们的故事虽然没有一个圆满的结局，但也算是一个好结局吧。

后来，我们都找到了适合自己的伴侣。

我现在很幸福，希望她也一样。

分手故事九

那是一种类似爱情的东西

“她说：他有老婆，他很爱自己的儿子。

他说：我大概就是她的摇钱树。”

分手故事九

那是一种类似爱情的东西

恋爱时间：三年

李小姐

性别：女

年龄：28

职业：客户关系主管

林先生

性别：男

年龄：35

职业：销售主管

■ 她说：

其实这个故事很难启齿，并不光彩。但是不论我怎么遮着盖着，不论世人用怎样的眼光看，它对我来说，仍是一段浪漫的爱情故事，至少开始是。最最开始的时候，我还只认识他的上司——众多经销商之一。忘了说，我是做经销商关系维护的。这实则是个美差，底下的各家经销商对我们，可都是铆足了劲儿地要取悦，才能拿到优惠的经销方案。偶尔那个中年香港男人——也就是他的上司，会夹着半生不熟的普通话，在我面前提起自己的这位助手，言谈间，掩饰不住的欣赏。我想，男人间这种英雄见英雄的惺惺相惜，还真是挺难得的。

有一年，我去杭州出差考察经销商，周一才开始的工作，我特意订了提早两天的机票，计划着在杭州过个悠闲的周末。谁知那位香港人知道了这个消息，生怕我一个人在异地无趣，一个电话就把尚在老家休假的助手召到了杭州，“奉旨陪李小姐吃喝玩乐”。我虽然乐得一个人清闲，却也盛情难却，总不能让人飞过来又连夜飞回去吧，于是只好无奈地接受了这安排。现在倒回去看，这大概也是命运的安排吧。

反观他，倒是一派“既来之，则安之”的洒脱劲儿，把包往地上一扔，冲我眨眨眼，装可怜道：“李小姐，我这大老远地跑过来，你可别狠心赶我回去呀，给我个尽地主之谊的机会呗？”人家话都说到这份上了，我再在心底哀叹那逝去的自由，不就小气了不是？于是，我的第一次杭州之旅，就莫名其妙地多了个跟班，还是一个会装可怜不能忽视的大跟班。

杭州沉淀了太多爱情的眼泪和文人的闲情，游人到了此地，仿佛不自觉就陷入了一种温柔梦幻的心境。在这样的环境里，我心情愉悦，购物起来也是手下不留情，完全忽视了身边人的存在。挑了半天后，我抓着一瓶精华液，正打算详细询问导购妹妹。却见年轻的导购突然把樱桃小嘴张成了O型，眼神直勾勾地望着我身后。我狐疑地一转身，哟，这不是被我忽视许久的某人吗？只见他手上捧着俩Cold stone的冰淇淋，正咧嘴冲我笑呢，露出一排大白牙，和身上的白衬衣相得益彰，晃得我一瞬间神志丧失。在导购羡慕的眼光中接过冰淇淋的时候，我心里只有一个念头：怎么会有人把白衬衣穿得如此有气质。

第二次遇见，是在澳门的年会上。当时我作为大会的组织者，需要时刻守在前台登记处的岗位上。可他偏偏选在那时发来信息，表示大会极度无聊，打算翘掉去逛逛老城，还不忘诱惑我：“不知在下是否有此荣幸，得邀佳人同游？”我握着手机，一边心想：佳人你妹啊佳人！就会撩拨人！一边咬牙切齿地回复道：“你给本小姐在码头那儿等着！”

那天的夕阳，绚烂地笼罩着澳门老城，一路向下，洒满街边的房屋，道旁的树木，洒在他的肩头、我的眼眸。我第一次觉得，和他在一起的片刻，是那么舒服自在，整个人浑身上下都充满着忘却时间的眩晕感。这些词汇，不都是世人用来描绘那个叫“爱情”的东西的吗？

从此以后，仿佛有什么东西在我们两人之间的空气里流动、发酵、变质。突然有一天，他在微信上问我：“丫头，端午节有什么安排了没？”我心思一动，回道：“没呢，准备在家宅着过节，不给祖国人民添堵。”没过一会儿，他又问道：“跟家待着多没意思啊，要不咱俩做个伴，去泰山赏日出呗？”我在这边小鹿乱撞，有谁能抵挡得住这般温柔攻势呢？于是我非常没出息地买了去泰山的车票，没出息地和他一起爬了险峻的高山，最后又没出息地和他在山脚的小旅店里滚了床单。

第二天起来，我终于还是没忍住，坐起身来扯了扯被角后，问道：“你……那个，你都多久见一次老婆孩子的？”他无奈地看了我一眼，回答道：“他们和我爸妈都在老家，你也知道，我平时工作太忙，都待在南京，逢年过节也不一定能见上一面。况且，我和她最近也闹矛盾，联系得就更少了。”我点点头，一时也想不出说什么好，就起身穿衣服：“快起床吧，待会儿买回去的车票去。”你看，我需要鼓起多大的勇气，才敢去触碰心头的那个禁忌。但是到头来，却反而把自己先给羞愧到了，他那些明显是说给我听的、哄我的、让我好受点儿的话，仍然好似一支支毒箭，射中我脆弱的膝盖。可是，那又能怎么办呢？这放了蜜糖般的毒酒，明明是我自己给自己亲手做的呀，饮一口，再一口，欲罢不能。

泰山行之后，我俩更加如胶似漆了，恨不得天天腻歪在一起，不是他来北京就是我去南京。他到了北京，我便欣喜若狂，恨不得把整个城市都展现在他面前。看呀，这就是我生活了那么多年的巨大城市，日日下班回家的路，现在有你陪着我走；家楼下的便利店里，现在有你替我拎着购物袋；故宫角楼的夕阳，现在有你站在我身边欣赏。日常的庸俗生活，因为你，就有了闪闪发亮的小细节，统统变成了我午夜梦回的小确幸。但是，我心里一直在提醒自己：他终究是个有老婆孩子的人，我俩不能一直这么下去。

轮到我去他的城市的时候，我的心境就截然不同了。记得第一次去南京找他，我的小心脏从踏上火车的那一秒开始，就不停地惴惴不安，越来越接近他生活工作的地方，就越来越期待，也越来越担心那个城市里，会不会留下他妻子的痕迹。好不容易到了站，见到他的人，我的一颗少女心才踏实了许多。到了他的住所，我留神地细细打量了一圈，还好还好，没发现什么女性用品，这个家处处透露出独居男子的气息，显示他并没有和老婆住一起，除了客厅放着的那张刺眼的结婚照。可我又能说什么呢，又有什么立场呢？也只能看一眼，假装什么也没看到呗。不过，很明显的一点是，他非常爱儿子。房间里到处堆满了他给儿子买的玩具，各式各样，甚至鞋柜里还摆着几双男孩子的小皮鞋。看到我摆弄那些小汽车模型，他便会乐呵呵地跑过来解释道：“我家臭小子可爱玩这些了。”语气中，满是宠溺的味道。

怎么说呢？看着房间里他和儿子的合照，听着他谈论主角永远只是他儿子的趣事，我便不自觉地在心里对自己说：你看，其实就像他说的，他根本就不爱他的妻子呀。他俩的这段婚姻关系名存实亡，他完全是因为这个聪明伶俐的儿子，才和他妻子拖到现在都没有离婚的。想着想着，倒像是一种自我催眠，到最后，我都快把我自己说服了。可是，有一些事情，是我再去蒙蔽自己的双眼，捂住自己的耳朵，都没有办法假装看不见、听不到的。他基本上每天都会和儿子通电话，每次电话的前面几分钟出现的那个女声，不难推测就是那位正室。因为他爸妈和妻子的爸妈都在老家，所以他俩总是会先例行公事地聊一下今天各自的爸妈是不是身体都挺好的，然后是儿子今天在幼儿园有没有调皮捣蛋，最后电话里才会传来他儿子奶声奶气的声音。这个时候，我只能坐在一边，看着那根黑漆漆的电话线，把他们一家人串了起来，把我一个人隔了开来，不禁觉得全身发冷。

像是为了证明自己的存在感是实实在在的，我在他面前的行为举止，越来越像个恋爱中被骄纵惯了的小女人。他一离开北京，我就每天在电话里撒娇，追问他下次什么时候再来；他在我身边的时候，我俩就到处下馆子，差不多全北京的高档餐厅，都留下过我俩的身影；看到喜欢的衣服，跟他一说，他二话不说就小跑着去刷卡了；丢了手机，跟他一说，第二天就会有一只新款的快递到家里。每次我作天作地的时候，他倒也算非常配合，那架势，恨不得是要星星给星星，要月亮摘月亮。那些华服美酒，我能有多爱呢？不过是骗自己，这些都是他爱我的证据罢了。

有一回更夸张，我的那辆小破自行车被偷了。要知道，虽然那辆车又旧又破，可毕竟它是我刚来北京那会儿就买的，承载了我多少的回忆和感情。我心碎得立马就给他打电话报告这个忧伤的消息。自然，他在电话那头满口应承道："不就一辆自行车吗，我今天手头上事情比较多，没办法陪你去买。你要什么颜色的，我打个电话给店里说一声下个单，你放心，今晚一辆崭新的自行车，保证妥妥儿地搁你家门口，怎么样？"

我被逗得眉头舒展，在电话这头笑得跟个十八岁少女似的，满意得不行。于是，我那天下了班便早早地回了家，乖乖地边看电视边等快递的电话。可转眼都晚上9点了，快递估计都应该下班了，也没见有人给我打电话呀。

"行不行呀，大哥你骗人的吧？"我语带埋怨地给他拨了个电话，"怎么现在连个车轮的影子都没瞅见呢？"

"你放心，今晚肯定会送到的，人家都答应我了，绝对不会骗我的。你再看会儿电视，我再给快递打个电话问问，看到底是送到哪儿了！"他在电话那头信誓旦旦地作着保证，我也只好半信半疑地挂了电话，心想：嘿，这年头，这么敬业的快递员，大晚上的还给派件，估计是顺丰的吧。

很快地，又过去了一个多小时，我看看手机，还是动静全无。这也可以理解，顺丰快递员也是人啊，也得回家吃饭睡觉，谁这么晚了还给你送快递呢？于是我也懒得给他打电话了，起身打算敷个面膜洗洗睡了。正在这个时候，突然门铃响了，我一阵欣喜：顺丰够可以的呀！门一开，一辆白色的崭新自行车的确妥妥儿地靠在门边。可这快递员怎么那么眼熟，不正是那个嚷嚷着“今天事情有点多”的大忙人吗！

这惊喜来得也太突然了，我光顾着傻乐，脸上面膜干了都没留意，直到哥们儿戳戳我的脸：“我说，这位同学，你在家画皮呢？”我还是一个劲儿傻乐，心想：要能日日同君好，让我半夜不睡觉起来画一晚上皮，我都甘之如饴。

有句古话说得特别对，“天有不测风云，人有旦夕祸福”，放之四海皆准。一天酒足饭饱后，他拉着我的手，支支吾吾半天后，开口道：“亲爱的，我有个事情要跟你说。”

我一边打着饱嗝，一边心想：哥们儿不会终于要割舍那段无爱的婚姻了吧？

他摸摸我的头，继续说道：“我和老东家的工作合同到期了，我本来也不想再干了，天天见不到我儿子的，他都到了上小学的年龄了，正是需要爸爸陪的时候，我不想缺席他的这段成长经历。正好，我老家有个offer，给的职位也合适，我决定回老家工作。”

我呆呆地，不知道该怎么接，只是回道：“什么时候回去？”

他说：“越快越好呗，应该是下周的飞机。”

之后他又说了什么，我完全都听不进去了。耳边不断重复回响着他那句“越快越好”。原来我总觉得别人用“万箭穿心”来形容伤心，也太夸张了，现在算是终于体会到了。原来，从始至终，我才是那个大傻瓜，以为我和他之间，存在着美好的爱情。你看他说要走，眼睛里没有丝毫留恋，只是理智地跟你分析，如同在讨论一个销售方案。我也没和他闹，也没抓着他求他留下，那都太难看了。他走的那天，我在外面骑了一天车，回到家的时候往床上一躺，筋疲力尽。

你问我为什么会分手？也许在他心里，我们也不算真正地在一起过吧。只不过镜花水月一场，好聚好散呗。

爱情？类似爱情吧。

■ 他说：

知道有采访这个事儿，我觉得特别吃惊。自从那年我回老家后，李小姐就再也没联系过我了。她这样的女人，我是一直都很欣赏的，事业有成，长得漂亮又懂得打扮，你说了上半句她就能猜出下半句，永远懂分寸，知进退，仿佛什么感情，她都能拿捏得刚刚好，一分不多一分不少。不过，我俩刚认识的时候，我对她可不是这样的认知。

那个时候，我在老东家那儿做销售主管，由于老婆孩子都在老家，所以平时算是全身心都扑在事业上。功夫不负有心人，我的业绩做得风生水起，老板也对我更加重用了，把南方区的业务交给了我。有一天，我在老家休假，突然接到老板电话，说有个很重要的供应商要来杭州做业务考评。这个消息我是知道的，本来就打算周一回去，可谁曾想，这新上任的供应商主管居然不按常理出牌，大周六就提前来了杭州。香港老板是个精明的商人，生怕招待不周，没给人留下好印象，于是让我赶紧订最早的机票，飞去杭州给那位做地陪。我刚见着我的宝贝儿子，又得马上离开了，心里自然有些不乐意，可老板有令，不得不从啊。

等到了杭州一看，现在供应商主管都长得这么水灵吗？让人没法忽视的一双大长腿，一头乌黑发亮的大长发，再搭配上一对儿忽闪忽闪的大眼睛，仿佛在埋怨：哥哥你怎么现在才来呀？这一看，我就什么火气顿时都烟消云散了，只能温言软语地和佳人打招呼，生怕她皱个眉头不开心。佳人说想逛商场，那我肯定得作陪。平时陪女人逛商场这活儿，向来属于一项苦差事，可我看着她在店里面，全神贯注地低头挑化妆品，露出细腻白嫩的那一段玉颈，用“肤若凝脂”形容是再合适不过了，看得人赏心悦目。生怕佳人逛累了口渴，见旁边正好有家冰淇淋店铺，我就顺手买了俩冰淇淋杯。递给她的时候，姑娘一副被我吓到了的表情，呆呆地接过冰淇淋也不吃，煞是可爱。

晚上吃完饭后回了酒店，不知怎么，脑海里老挥之不去那一双大眼睛，于是我鬼使神差地抓起手机给她拨了个电话，心想：西湖美景不可浪费，正好约佳人月下喝个小酒。过了一会儿，她终于接了电话，可我听这声音怎么一股浓浓的鼻音呢，大夏天的也不至于感冒，听起来倒像是刚哭过的感觉。我觉得肯定不对劲儿，问她怎么了，人也不说话，只是忍不住地小声啜泣，问她现在在哪儿呢，姑娘抽抽鼻子，算给报了个地名。挂了电话，我立马心急如焚地往她那儿赶去，这夜黑风高、伸手不见五指的夜晚，万一她被西湖边的野汉子看上了可怎么办？她很久以后知道了我当时的想法，反而咯咯地笑起来："西湖边的野汉子，哪有人这么到位地作自我总结的呀。"这都是后话了，待我终于找着了小姑娘，反而也不想问她到底是发生了什么伤心事儿，怎么就哭成了个泪人。因为，她看到我的时候，那像是看到救命稻草的表情，让我觉得自己是个值得她信任的人，心里一暖，就把她往怀里带了。

这一抱，我觉得我的心倒是暖和了，可也丢了。

之后，我连自己的手也控制不住了，老想着给她发信息，偶尔借工作的借口给她打电话，听到她糯糯的声音，只觉得心早就跑她那儿去了，什么销售方案啊折扣返利啊，她说什么就是什么呗。总之，我是创造并利用一切机会和她见面。可是，小姑娘到底心里有没有我这个人，我却始终没个底。人家年纪轻轻又貌美如花的，怎么会看得上我这么个糟老头儿呢？而且，我怎么说也是个有家室的已婚男子，虽然和妻子的婚姻生活算是彻底没戏了，可两人之间还有个可爱的儿子，为了孩子，这婚一时半会儿也是离不了的。

有一年的端午节，我一个人在南京留守，也懒得出门和游客挤，就窝家里看电视。这时候，某个旅游频道的画面播放的正好是云雾缭绕的泰山，不知怎么的，我突然就想，如果能有机会，和小姑娘一起在泰山看一次日出，该有多美好呀。说时迟那时快，我又没有管住自己的手，一条微信就发过去了。我一边咒骂自己太为老不尊，一边又觉得没事儿，反正她也不会去的。结果她居然这么轻易就答应了我的提议！这让我不禁开始幻想，也许，她对我，其实也是有点意思的吧？后来，我俩爬山的时候，有一段山路特别陡，她估计也是腿软了，一个不稳差点摔倒。我见状赶紧伸手去牵，这一牵，我就再也舍不得放手了，再偷眼瞄她，小脸红扑扑的，也不挣开。我心里一乐，嘿，有戏！于是，我趁热打铁，终于在泰山确定了她的心意。

从泰山回来后，我这一颗心，依旧老是放不下。你说，我俩都互表心迹了，可是她怎么从来都没有主动给我发过微信，或者打个电话呢？总是我成天给她打电话，三不五时地就要去北京“考察工作”，搞得我老板经常拿狐疑的眼神瞅我。在北京待得久了，我心里慢慢地有了一个疑惑。虽然我每回去，都是住的她家，我俩也经常一块儿出去吃饭喝酒，可是她在北京这么多年，朋友照理说应该也不少，怎么我一个也没见着呢？

我哥们儿知道了这件事，说："你小子谈恋爱谈傻啦？把你介绍给她朋友认识，万一别人知道了她跟个有妇之夫在一起，该怎么笑话她？"

我想了想，觉得话并不能这么说呀："你看，如果是关系一般的朋友或者同事，那确实是不应该见面认识，毕竟这是个人的感情私事，人家知道了，肯定得评头论足，流言蜚语多了也对她不好，这我都理解。但是，她身边除了普通朋友，肯定还有那么一两个心贴心的老友，喜欢一个人，又不是什么羞耻的事情，和好朋友有什么好藏着掖着的呢？就像我跟你，喜欢她是我发自内心的事情，就会和你分享，不是吗？难道是因为，她觉得和我感情还没到可以见好朋友的那个地步？又或者，她从一开始，就只是把我当作一个无聊时排遣寂寞的对象？"

哥们儿听了，觉得也有道理，于是一拍脑门，又给我出主意道："你呀，要不这样，俗话说，爱里面，人都是自私的，都有嫉妒心和占有欲。你哪天就邀请她去你南京的家里过周末，客厅里摆个你和你老婆的结婚照。如果一个女人，她要是真心喜欢你，肯定会不开心的，表情是不会骗人的。这样一来，你不就心里有数了吗？"

我一听，也觉得挺在理，就照做了。那天带她进屋的时候，我特意观察她的表情，尤其是当她看到那张结婚照的时候。可她的表情淡淡的，没有一丝波澜，就连眼神也是那么平静，像在看一幅油画。我的心啊，就像南京城边的秦淮河水那般冰凉。而她，倒没有察觉到任何不对劲，童心未泯地摆弄着我儿子的汽车模型。

有一天下班后，我的老板竟然拉着我去喝酒。席间，他不知哪根筋不对，哪壶不开提哪壶地跟我语重心长地说道："兄弟，我当你是兄弟才跟你说老实话，女人啊，尤其是年轻的漂亮女人，你千万别把你的心给交出去了，她们是不会珍惜的，她们珍惜的，只有你的钱，真的，她们……她们……"老板一句话还没有说完，哇地一声就全吐了出来。

我估计他是被外面的哪个年轻小模特儿给骗了钱，才有了刚才那么一出。可说者无意，听者有心，那之后，我对小姑娘的言行举止开始留了点儿心。果不其然，我感觉她把我当成了一株摇钱树，要完新衣服要项链，要完项链又说手机丢了，手机换了个新的吧，又说自行车丢了。这些我都顺着她，谁叫我自个儿就对她着迷了呢。

一晃眼，我和当时那家公司的合约到期了，凑巧的是，老家那边的一家公司，这个时候也给我抛出了橄榄枝。回老家吧，等于就回到了妻子儿子以及父母的身边，我对儿子其实一直都有愧疚，早年忙于工作，对他一直有所疏忽。而他往后的成长岁月里，我不想再缺席了，这种愧疚感，不再是像以往那样，给他买几样玩具就可以弥补的了；同时，这也等于是没办法继续和小姑娘那样见面了。原来工作在南京，经常出差，还可以用工作忙作为不着家的挡箭牌，回了老家可就不一样了，毕竟家里长辈是什么都看在眼里的。

或许，趁这个机会，和她说再见，对我们两个都好吧。她年轻轻的一个大美人儿，肯定不会因为失去我这么一个“金主”而发愁的。但心里面，我又在隐隐期待，又或许，她对我的感情是不一样的，她会希望我为了她留下来呢？

结果有多可笑，想必你和她聊完，也都知道了。我假装云淡风轻地试探，其实一直暗暗注意她的反应。如我预料的那样，她根本就没说任何一句挽留的话，反而还问我“什么时候走”，好像巴不得我离开似的。于是，我只好对自己说：算了，何必自取其辱呢？

回到老家后，我一直让自己每天都很忙，好让自己不去想她。她现在吃饭了没？有没有早睡？有没有坚持运动？每当想她想得难受的时候，就去买包烟抽。看烟雾缭绕，风一吹，也就都散了。

为什么会分手？一切结束得太快了，快刀斩乱麻才是不让自己继续沉溺的最好办法吧。

爱情？我一个奔四的中年老男人，怎么还会有这种不切实际的幻想呢？

分手故事十

跨越得了距离，却跨不过人心

“她说：异国恋，总是夜长梦多。

他说：为何不能直截了当地沟通，而总是猜心思呢？”

分手故事十

跨越得了距离，却跨不过人心

恋爱时间：二年

乐乐

性别：女

年龄：19

职业：大学生

小太阳

性别：男

年龄：20

职业：大学生

她说：

一开始，我们两个的关系其实特别单纯，只不过是把对方当作一个语伴，认识认识，提高一下外语能力罢了。那年，他刚从德国来北京做交换生，顺便学点中文。而我，也刚开始在北京学习德语，急需一个母语是德语的小伙伴，来跟我练习练习口语。彼时，MSN尚很流行，我们俩虽然未曾谋面，却没聊几句就觉得很是投缘，一拍即合。于是从此以后，两人就乐此不疲地挂在网上，成天成夜地聊。都聊些什么呢？不过都是些琐碎的生活片段罢了，比如今天下雪，他去故宫打雪仗了，顺带考考我，“打雪仗”用德语怎么说来着。比如他有一天特别惊奇地对我说，你们中国人也太勤劳了，大街上怎么到处挂着“早点”，还有这样催人早点上班的国家呢！再比如转眼快要期末考试了，我一边自习，一边又忍不住用手机上线，对着MSN那端的他卖乖喊累，这个时候他就会发来许多个小太阳的表情，给我加油打气。

突然有一天，他给我的MSN留言道：“嘿，美丽的姑娘，我们见面吧。”美丽的姑娘——也就是我——在手机那端，摸了摸新剪的刘海，努力憋了足足有那么五分钟，才急不可待地抓起手机，开心地回复表示赞同。

好不容易等到见面的那一天，我翻箱倒柜地找出之前去云南旅游的时候买的驼铃，作为第一次约会的见面礼，又挑了件清纯十足的小白裙，化了个美美的妆，这才出发。到了我们约定的那个小酒馆，我四处打量了下，全场就只有一个外国男子，不过那人可是个秃头！我霎时就崩溃了，之前聊天的时候，还特地留意了下他的MSN头像，明明是一头茂密的棕发呀，也不像眼前的这位大叔，长得这么对不起人类呀！坑爹呢，这反差也有点儿过大了吧！正当我在心里咆哮的时候，主角突然闪亮登场了。只见由远及近走来一个美少年，穿着黑色短袖上衣，搭配一条卡其色短裤，脚上一双白色的Converse，边走边笑，活脱脱一个小太阳，秒杀了当时周边的所有少女。他的笑容灿烂，叫人只消看一眼，就沦陷进去了。

有了第一次愉快的会晤，就紧接着有了第二次、第三次，我们两人的感情也在那段时间突飞猛进，很快就上升到了“你叫我baby，我叫你honey”的新阶段。最让我记忆深刻的是，有一次我俩约好了一起去青岛旅游。那天完全是我的不对，先是早上起晚了，又怕来不及会迟到，急急忙忙地还打了个出租车。这么说吧，待过北京的朋友们应该都知道，关键时刻，地铁才是交通工具里的王道！这么一折腾，等我气喘吁吁地狂奔到候车大厅，离我们买的那班火车的发车时间，只差一分钟了。我看到他，特别的愧疚，对着他一阵自责。没想到，少年的脾气和涵养都特别好，只拍拍我的头，说道：“乐乐，你跑得这么累，一定还没吃饭吧？我带了点苹果，要不你先吃点儿？”我当时就觉得自己真是捡到宝了，这人简直就是一个美貌的好好先生嘛！

可惜，腻歪的日子总是不够长，突然有一天，他说：“嘿，亲爱的姑娘，我在北京的交换学期快要结束了，然后就得回德国了。”

我眨了眨眼睛，一瞬间不晓得该怎么接这话。虽然我早就想过，总会有这么一天的，心里也做了无数次预演，可真到了面对离别的时刻，我却有点不知所措了。最后，我只是捏了下他的手，说道："嗯，那我那天就不去机场送你了，不然保准得哭鼻子。"

不过，后来我实在没忍住，瞒着他，一个人偷偷跑到了机场候着，打算给他一个临别的惊喜。朋友知道了，直呼："你这招够浪漫的嘛！"是够浪漫的，可惜生活不是浪漫的言情剧，倒像是一出狗血淋漓的闹剧，有惊无喜。

那天，我早早地到了机场，查好了他的航班信息，就偷偷地躲在机场大厅的柱子后面等着。盼星星盼月亮，我终于盼来了他拖着行李箱出现。只不过，他的身后居然还跟着个娇小的短发姑娘。我当时心里就爆了粗口，谁来告诉我这不是个笑话！他倒是镇定得很，给俩姑娘做了简单的相互介绍后，就抓过我手中的橙汁，咕咚咕咚地喝起来。我当时已经懵了，只能假装也很镇定地看着他俩。可是，我怎么越看，越觉得自己就是个笑话呢？过了十来分钟后，我们三人来到了安检口，我心里还在酝酿着，待会儿跟他说什么临别感言呢？却见他伸开双臂，结结实实地拥抱了那个短发姑娘，而且双方都一副依依不舍的样子。原来，我就是一个笑话，还站这儿干吗呢？于是，我趁他俩告别的间隙，悄悄退了一步，又一步，终于转身头也不回地大踏步离开了。

才刚转身，就听到他在身后喊我。我忍着没回头，倒是那个短发姑娘追了上来，劝我好好听他说。我心想，莫非是误会一场？自己小题大做了？于是便心软了下来，转过身，被他结结实实地一把抱住了。这一抱，我感觉好不容易松了口气，也抬手摸了摸他的棕发。他着急地用中英德三语混杂地跟我解释，说自己和那个姑娘真没什么关系，只不过是个好朋友，来送送他而已。最后，我总算安生地把他送上了飞机，可心里对他的那一套说辞，还是半信半疑，毕竟他长得那么一副颠倒众生的样子，还那么爱笑，谁见了不立马当街扑倒？我呢，不过是一个长相普通的女孩子罢了。

接下来，我俩要面对的问题才是重头戏呢。当初他走的时候，跟我说特别不舍得离开中国，不舍得就这么离开我，跟我保证两年内一定结束在德国的学业，回北京来找份工作，好继续和我在一起。守着他的这份承诺，我待在学校里，每天心无旁骛地上课、吃饭、自习、等他的消息。

一个人在北京的日子里，我养成了天天去访问他facebook主页的习惯，好知道他平日里都发生了什么有意思的事情。有一天，我点开主页，突然发现他被别人在一张照片中圈了出来。那是一个特别漂亮的姑娘，和他勾肩搭背地一起举着酒杯对着镜头笑。底下一串不知名的群众还在那儿争相附和：哎哟，可真登对儿！我看得妒火中烧，等着他一上线，就赶紧逮着他问个究竟。他给的答案和上回一样，还是

"我们只是普通朋友啦，你不要想太多啦"。老实说，从那时开始，我就想，这么隔着两万八千里的，再这么异国恋下去，夜长梦多。于是，我俩的聊天内容从"这姑娘是谁"转换成了"你到底什么时候回国"。他一开始，也是非常耐心地跟我表忠心，并且耐心解释德国这边毕业是如何困难和压力山大。但随着我问的次数多了，他的答案越来越简短，渐渐都统一成了一句话：我努力。

身边的朋友，知道我俩事情的，都在替我着急：你这一年年拖下去的，可等不起。他光说不练，就说会努力，可努力个大半年了，也没个结果，再怎么着，也至少得买个机票回来看看你。

我本来就一直有心结，听朋友这么一说，就更加委屈了。我仔细一回想，是呀，这一个月来，他MSN上线的次数明显没有以前频繁了。想找他聊聊天，往往由于时差，还得等到半夜。结果没聊个几句，他不是以"要去看书复习"为由，就是说"刚打工回来，好累"就匆匆下线了。朋友一听他这行径，恨铁不成钢地戳着我的脑袋骂道：你个小傻瓜，男生如果一不主动联系你，二不耐心陪着你，表明他们在"冷暴力"你，总结起来就是三个字：想分手！在这种论调的包围下，我一冲动就给他发了封邮件，决绝地说了分手。至于为什么要分手？在情爱的江湖里，不是都流传着这么一条定律么：等你拿刀捅我，还不如我自己先自断筋脉。

他现在又回到了北京，也有约我吃饭，朋友问我怎么没考虑过再续前缘。还是算了吧，中间的这两年时间，像在我们彼此的生活中划开了一个口子，各有各的经历，也许我和他，现在都变成了更好的人。但这中间的过程艰辛，却已耗费了我所有力气。

■ 他说：

乐乐呀，用一个中文词语形容就是，折腾！

我们两个认识特别巧合。那天，我正好在一个学习外语的论坛上溜达，突然看到一个新的帖子：楼主刚开始学习德语，想要交个语伴互帮互助。我一想，这不正合适么，我也可以顺便提高我的中文，于是就加了她的MSN。说真的，文化障碍是我在中国交朋友遇到的一个很大的问题。毕竟，我们来自两个拥有迥异文化习俗的国家，很多观念难免有较大差异，更别提我那蹩脚的中文水平了。所以，我和中国朋友的交流，往往是鸡同鸭讲。和乐乐就不一样了，后来和她一聊天才发现，她其实是个特别有趣的中国姑娘，很有自己的想法。而且她真的非常努力地在学习德语，也很热心地帮助我学习中文。聊的时间久了，我就想，要不一起吃个饭见个面吧，反正大家都在北京上学。

那一天，她穿了一条雪白的连衣裙，乌黑的头发扎成马尾，跟我打招呼的时候，一对眼睛弯弯的、笑眯眯的，好像会说话。更贴心的是，她还带了一个云南的驼铃送我，夏日的晚风一吹，铃铛“叮咚叮咚”地响起来，仿佛在给我们的相遇配乐，我的心也咚咚咚地快速跳着，可真令人沉醉。

后来，在我的积极攻势下，乐乐终于答应做我的女朋友了，我开心得到处跟哥们儿炫耀：你们看，我的中国女朋友多漂亮！国庆节的时候，我俩还一起去了趟青岛旅行。乐乐告诉我，中国有个著名作家说过：要看一对情侣到底合不合适，一起出去旅游一趟就知道了。虽然我不认识那个作家，但如果照他这么说，我俩简直是特别般配的一对儿。旅游的时候，好多主意我跟她都能想到一块儿去；她总是又温柔又耐心，我俩在一起，从来都没有吵过架。我们的关系，唯一美中不足的就是，我在这边是交换生，学期结束了，最后还是要回德国继续学业的。不过还好，乐乐对这一点一直表示理解，我要离开的那天，她还说“不会来送我，不想到时候哭哭啼啼的”。我顿时就觉得：哇，她可真cool，跟我交往过的姑娘一点都不一样！

不过，后来事实证明，她确实是不一样，还把我给吓到了。因为我真的相信，她那天是不会来机场送我了，于是就拉了平时比较要好的朋友陪我去机场。一来那个好朋友也舍不得我离开中国，表示要来送；二来我怕自己的中文口语不太好，虽然首都机场有很多英文告示牌，但万一碰上需要和地勤人员交流的情况，我这中文水平就歇菜了。结果，等我到了机场大厅准备办理登机手续的时候，乐乐突然从一根柱子后面跳了出来。虽然这实在出乎我的意料，不过转念一想，能再看看她，也是好的。于是，我就开心地给她俩互相作了介绍，然后就拉着她一块儿去大厅了。到了check-in的时候，作为告别，我转身和我的朋友拥抱。可当我一回头，想跟乐乐告别，却发现她怎么不说一句话地就往外走了呢。我连忙跑上去拉她，好不容易追上她了，却发现她怎么又一脸泪水呢。这下，我就一头雾水了。还好，我的朋友在旁边小声提示我：也许你的女朋友误会咱俩啦！我一听，恍然大悟，赶紧叽里呱啦一通解释。

虽然她最后表示理解了，但那天的事情，还是让我非常想不通。既然你想要来机场送别，为什么不直说呢？这有什么好难为情的呀？如果你心里对我产生了误会，以为我和那个朋友之间有隐瞒你的地方，为什么不来当面问我呢？直接掉头走掉，根本不是解决问题、消除误会的方法。同时，也表明你对我连最基本的信任都没有。后来，我问她为什么会误会呢，她委屈地说："因为我看到你抱她了。"这下，我就无语了，到头来，还是文化差异。在我们的文化里，和好朋友告别的时候，都是会拥抱的，这是一个很基本而普通的礼仪。只不过在乐乐的观点里，拥抱是恋人之间才会做的事情，好朋友告别，尤其是异性之间，挥挥手说再见就足够了。

回到德国以后，我们就正式开始了考验人的long-distance-relationship（远距离恋爱）。一开始，我相思难耐，到了圣诞节就从德国给她送玫瑰。一个人的时候，更是经常拿着手机翻看她的相片。毕竟，隔着半个地球，我不能像从前那样每天陪着她了，我们之间的联系也只能靠Skype和MSN。

可是，自从上回的“机场事件”后，她好像对我就越来越不信任了。有一回，我刚一上线，她就气冲冲地质问我：facebook上的那张照片里的女人究竟是谁？我一看，那天是我一个朋友的生日，大家都特别开心，喝了点酒，合了张照，仅此而已。而且，当时我们家里出了点状况，我哥哥身体不太好。再加上，大学的毕业考试，我有一门连着考了两次都没过，如果第三次还是不能通过的话，就永远不能拿到学位证书了。我的这些情况，都和她解释过，可是她好像通通认为这些只是个借口，一直不停地问我“到底什么时候回来”，有的时候更恐怖，居然问我是不是喜欢上别的姑娘了。问得烦了，我也就懒得再解释了，毕竟我肩上的担子也不轻。到最后的某一天，她突然什么前兆都没有，就发了封邮件跟我说了分手。我那个时候已经被折磨得够呛了，学习感情两头都不顺心，觉得两个人的文化观、价值观还是差别太大了，于是也没去努力挽回，就这么分手了。

关于分手的原因，我当初觉得，肯定是她对我的不信任造成的。当然，我那段时间太忙，没有心思照顾她的情绪，确实是我做得不好。后来，我终于毕业了，也如愿回到了北京，还找到了一份不错的工作。其实，我觉得分手后，还是可以和她做朋友的，也约过她出来吃饭，但是她总是say no。这回她提出让她朋友来做这个采访，我觉得挺惊讶，也才第一次知道，原来她在这段关系里对自己这么不自信。不过，我还是觉得，**最大的问题其实是我们两个人处理问题的方式太不一样了。我习惯了直截了当地沟通；而她，总希望我去猜她的心思，还是太含蓄了。**

分手故事十一

被偏爱的都有恃无恐

“他说：她完全没有为我着想过

她说：在一起六年，我也没有走进他心里”

分手故事十一

被偏爱的都有恃无恐

恋爱时间：六年

程序猿

性别：男

年龄：28

职业：程序员

明明

性别：女

年龄：18

职业：大学生

他说：

现在大家都管做我这行的叫“程序猿”了，也有叫“码农”的，好像都是从网络上火起来的称号吧，不过搁五六年前，我们这行可高大上了，叫“搞IT的”。我属于当时混得比较风生水起的，出了本计算机语言的教程书，参与了几个大型网络游戏的后台编程，算是个有为青年了。有一天，有为青年遇上了难题：一个美国的游戏公司找上了我，要跟我合作开发一款新游戏。这可是千载难逢的机遇，可无奈鄙人我的英语水平很让人捉急，对方一封洋洋洒洒的英文邮件发过来，我就立马怂了。

这时候，还好友人点拨：傻瓜，北京这么多外语学院，随便去抓一个大学生过来帮你翻译不就得了！

我一想，嘿，还挺对。不过俗话说“授人以鱼不如授人以渔”，我还不如顺便跟着人家把英语给学好了，以后才能走出亚洲走向世界！

友人听了很是赞同，对对对，外语学院这么多年轻的妹子，还能学着学着，顺便勾搭一个回家！

虽说我是一奔三的大叔，不过因为自己的成长过程过于特殊，所以对于找对象这件事，我一直也没怎么上过心。不过，无心插柳柳成荫，自从我在外语学院贴了几个小广告招英语老师后，陆续也收到了几个应聘短信。我随缘，挑了最先联系我的那位叫“明明”的同学，约好了在学校附近的咖啡厅见面。

那天，我到得早，就坐下来点了杯咖啡，边欣赏街景边等待。这时，一个明眸皓齿、打扮时尚、穿着一双鞋跟足足有十厘米的高跟鞋的妙龄女子走进了咖啡厅。和咖啡馆内所有雄性生物的反应一样，我的目光也随着她的步伐而动。噫？不对呀，美女怎么貌似是往我这边儿走呢?

她还真就在我对面坐下，直勾勾地打量了我一会儿，开口道:“你就是那个英语不灵光的IT男吧？我叫明明，说吧，你都想学些啥？”

我还处于震惊状态，结巴道:“能……能和外国人沟通清楚就成。”

美女翻了个白眼:“你们这些搞IT的，不是我说你们，成天就只知道蹲在家里守着电脑，一点也不知道走出家门跟真实的人类去沟通。你的中文水平估计都不行吧，讲话都结巴，还学什么英文呢。要想外语好呢，就得多和人交流，就得多说多练，知道不？”

这位美女的气场实在是太强了，噼里啪啦把我给震得半天说不出话来，只能点头如捣蒜，俯首称臣了。

第一堂课学了些什么英文词汇，我到现在完全都还给老师了。心里满满的都是对女神老师的膜拜，以我仅有的一次恋爱经历推算，这种感觉就叫“心动”。心动了还得行动，在那天送明明回学校的路上，我结结巴巴地说道:“那个……我觉得你说得很对，我不应该总待在家里，应该多出去走动走动。要不咱俩下一次上课，别在咖啡馆了，可以去公园走走嘛，你觉得呢？”

明明又翻了个白眼，回道:“去个毛线公园啊，都是老头老太的，有什么意思？还不如去爬长城呢，司马台那个就不错，还可以锻炼身体！”

我只好连声说是，恭送“老佛爷”回了宿舍。

到了周末，我特意挑了件显年轻的运动装，迫不及待地赶到约定地点，一看，明明穿了一套橘黄色的运动服，更衬得整个人青春无敌了。她见到我，潇洒地拍了拍我的肩：“不错嘛，你这样一看，也没有多老啊！”我不禁心里一阵淡淡的忧伤。

其实我有好多年没爬过山了，更别提司马台长城了。石阶上回响着我“呼哧呼哧”的喘气声，明明“噔噔”地健步如飞声，夹杂着她“哈哈你个老人家”的恶毒嘲笑声。不过沿途风光秀丽，青峦叠翠，长城景色名不虚传。等我们到了长城最高的一个烽火台的时候，正好夕阳西下，天边一抹瑰丽的晚霞，美景在前美人在旁，我借伸懒腰的姿势，伸手揽住了明明的肩头。让我没想到的是，明明居然顺势往我怀里一倒，大大方方地和我四目相对，开口道：“二货，这个时候不是应该拥吻吗？”我不敢犹豫，赶紧激动万分地吻了下去。

之后，明明做了我的女朋友，我觉得脸上倍儿有面子。她是个特别漂亮聪明又直爽的姑娘，有骄傲，有退让，永远懂得拿捏姿态，知道什么时候该放，什么时候该收。不过，年轻女孩子都有一个通病：偶尔太骄傲，经常要人哄。

我俩在一起后，只为一件事情闹过矛盾。

有几次明明来我家一起吃饭，吃完她都会开玩笑：“要不臣妾今晚留下来侍寝？”

我的工作习惯比较怪，一般都喜欢夜里干活，比较有灵感，要是家里突然多个女人，我总是不自在。而且，她每回到我家，都是一副老佛爷的架势，要水要汤的，吃喝完也从来不收拾，嘴一抹吼一声“darling”，我就得赶紧伺候着。每次她走后，我都是累得要瘫痪的节奏，哪还有什么精力工作呢。

她见我不乐意，就把嘴一嘟，气鼓鼓地走了，往往隔天我再送点鲜花或者护肤品，也就能哄好了。

我俩关系一直很稳定，一谈就谈了六年。这中间她毕业了，在北京也找到工作了，可这个矛盾却还是没有解决，反而越来越棘手了。有一天，明明特别严肃地拉着我的手说道：“Darling，要不咱俩同居吧？”

我手一抖：“为啥呀？你不是从毕业后就跟人合租着吗？”

她瞪我一眼：“合租不得交钱啊，北京租金年年涨，一个月也得交两千七八的。我一个月税后到手才六千，交完房租还有水电。现在物价这么高，每天吃饭不得花个百来块啊，这样一个月又三千出去了。你说，我还剩多少钱？不过，我要是搬到你这儿，房租这块儿就可以省下很多钱了。剩下的钱，就够我自己吃好喝好的，还可以再买几件新衣服，生活质量可就比以前高多了！”

你还记得前面我说过，自己的成长经历很特殊吗？我从小就被亲生父母抛弃，是被一对好心夫妇领养长大的。这件事情我从来没有对别人说过，包括明明，这可能也是我总有些自卑的原因吧。其实现在想想，又有什么呢，我还是我，别人对我的爱，也不会因此少一些呀，如果我那时候就跟明明说了这件事，也许她能对我的行为多少有一点理解。

话说回来，虽然养父母对我恩重如山，可毕竟自己从小到大都很难有安全感，也很难对别人百分百地信任。每天在外面忙忙碌碌，最大的满足就是，可以回到自己的窝里面，一个人安安静静地待着，享受一个人的宁静。所以，我对于和别人同居，一直很抵触。而且，虽然明明是个很活泼的姑娘，但有的时候，对我来说，她实在是太叽叽喳喳了，完全不给我留一点私人空间，她要是再搬进来，我光是想想就头大。于是我只好为难地回答道："你要是真觉得房租太高了，那这样吧，房租我来付，问题不就解决了吗？"

没想到，明明突然一拍桌子，高声嚷道："你根本就不爱我！亏我当初还为了你留在北京工作！你就是个骗子！"

我震惊地看着她，完全不知道她是怎么得出这么个荒谬的结论来的。她的问题不就是工资不够支付她一个比较高质量的生活吗？我已主动提出可以帮她垫房租了，问题不是已经解决了吗？再说了，我要是不爱她，怎么会和她一起就是这么多年呢？我要是不爱她，怎么会不管工作多忙，她一说想去哪儿玩我立马就去陪她呢？我要是不爱她，怎么会在她每次生气后都一次次地买礼物把她给哄回来呢？

可是等等，她刚说什么“为了我毕业留北京工作”？这可就太可怕了。我一直觉得，一段感情里，不管谁爱得多谁爱得少，最后应该是大家都能爱得好。两个人在一起，总有一方为一方妥协，但是最后两个人都应该是变成更好的人，这样的妥协才是有意义的妥协。如果她真的是单纯地为了我，放弃更好的工作机会，留在了北京，那就太让我吃惊了，这简直是让我一瞬间背负了太多东西，把我压得都快喘不过气来了。

而且，她刚才说的所有关于同居的理由里，全都是站在她自己的立场出发的，看到的也都是她自己的生活可以因此得到什么改善，完全都没有一句话是为我着想，让我去相信我的生活会因为她的搬进来，而有什么积极的变化。

这回，我没有像以往的小吵小闹那样，在第二天用礼物去挽回她，而是选择了放手。

■ 她说：

我在十八岁那年，拿到了北京一所外语大学的录取通知书，全家都为我感到高兴，毕竟，我可是家里第一个大学生。不过，家里还有个读高中的弟弟，所以上了大学后，我除了省吃俭用外，还会有时间就兼职教高中生英语。

有一回，我正站在校园的小黑板那儿，看招聘兼职的传单，突然看到一条不太一样的：本人男，28岁高龄，搞IT的，诚招英语老师一名，人好钱多速来。

我想，嘿，这人是傻啊还是怎么的，还搞IT呢，一副洋洋自得的口气，反正挺有意思的。于是我就发了短信，跟他约好了见面的时间地点。

那天，我特意打扮得漂漂亮亮的，打算镇住那个搞IT的。因为他事先就告诉了我坐在几号桌，所以我一到咖啡馆，立马就认出了他。穿着一件简单的蓝色衬衣，戴着副银边眼镜，腿上一条做旧的牛仔裤，踏着双白色的Converse，斯斯文文地坐在那里喝水。不错，外貌分合格！为了给他一个下马威，我一坐下就试图用语速和气势取胜，看着他明显被我唬住的呆呆的表情，我心里一阵偷乐，当然了，面上我还是装出一副“冰山美人”的架势。

为了拿下这份待遇优良的兼职，当天我使出了平生所学的知识，恨不得全都传授给他，让他跪倒在我的才学下。不过那个呆子，也不知道听进去多少，老是一副魂不守舍的样子，该不会是对我的教学水平不满意，嫌我太年轻了？正在我担心的时候，他突然又结结巴巴地约我下次上课的时间地点。哟，他怎么还脸红呢？我一看，当然知道他是对我有点意思的。于是就顺势提议，不如去爬长城。你想呀，孤男寡女，在自然风光的感化下，还不得发生点浪漫的事儿来？起码电影里都是这么拍的呀。

可等到了长城吧，那个呆子，就只会哼哧哼哧地直喘气。虽然他那天穿了套挺玉树临风的运动装，但是一看他那沉重的步伐和艰难挪动的身影，我就来气——电影都是骗人的，一点都不浪漫！

好不容易，我俩终于爬到了长城顶上，望着令人心醉的夕阳，我觉得心旷神怡，觉得身边人挂着汗珠的脸庞也变得可爱起来。这个时候，程序猿先生才像是终于开了窍似的，伸手把我揽在了怀里。我满意地偎依着他，心想：哼，这才像话嘛！

和他在一起后，我觉得特别有面子。我生日的时候，常常会收到他去国外出差带回的高档护肤品；情人节的时候，他会突然降临在校门口，羞涩地拿着一支玫瑰花等我。这一切的一切，都满足了我对男朋友的幻想：成熟温柔，有经济能力，懂得哄我，舍得给我花钱。宿舍的女生对我能找到这样一个优秀的男朋友，感到非常羡慕，都纷纷来找我讨教经验。我对她们说：“嗨，这找男朋友，有两条就够了。第一，他愿不愿意给你花钱。别听别人说的什么爱情是崇高的，金钱只会侮辱爱情，都是瞎扯蛋，一个男人自己有钱，又舍得给你花，那才是真爱，贫贱夫妻才百事哀呢；第二，他愿不愿意迁就你。男生本来就心理成熟得比女生晚，跟你一样年龄的男孩子，都还没真正长大呢，哪里懂得揣摩你的小心思，知情识趣地哄着你呢？只有年纪比你大的大叔，才愿意迁就你，给你人生指引，牵着你的手往前走。”

不过吧，这程序猿先生千好万好，只有一点不得我心。

谁愿意成天跟宿舍里其他五个女生挤一起住呢，所以我经常去他家蹭吃蹭喝，毕竟他早就在四环边上买了套大loft，宽敞得很，住四个人都绰绰有余。本来我一直美滋滋地以为，他没过多久，肯定会因为太爱我，舍不得离开我，而开口邀我搬来同居的。可等了很久，也没见他那边有什么动静，总是我在他家吃完了，他端茶送水倒是伺候得很好，就是从来不提让我留下过夜。一开始，我也是绷着个面子，心想：不邀请我住进来就不住呗，本姑娘还不稀罕住。但是有一天，我还是没忍住，假装开玩笑地问道：“要不臣妾今晚留下来侍寝如何？”

结果，他一副为难的样子，万般不情愿地看着我，问道：“真的吗？”

他这样的反应，我真的生气了，甩手就走了。刚走出他家门，我其实就后悔了，心里的一个小人在说：凭良心讲，他一直以来都对我挺好的，要啥给啥，照顾周到，我就为了这么件小事跟他崩了，那多不值得！可另一个小人又在说：这哪里是小事啊！让你和他一起住这么个大房子，对他来说才应该是件小事。他连这点都不愿意迁就你，这说明了什么？还不是说明他不够爱你吗？思前想后地回到了宿舍，躺在床上一觉睡到天亮，最后气居然也就消得差不多了。而且，刚起床开机，他的道歉短信就进来了，又是赔罪又是说要请吃饭送礼物的，于是这件事也就这么过去了。

一晃眼，我俩在一起都六年了。这中间，家里也是知道我有这么个多金男朋友，于是每年回家，长辈们都会催着我：明明啊，你也老大不小了，对方到底怎么个意思呀？什么时候准备结婚啊？小姑娘可不能老这么一年年地拖下去啊！

我虽然嘴上应着：对对对，您老说得对，但是我这不工作也没两年，讲结婚还是太早啦！心里也是一通埋怨：我当然也想早点结婚，可人家到现在都还没跟我同居呢，结个毛婚啊？那个呆子自己都三十四岁了，也一点都不着急的样子，难道他家里父母都不催吗？况且，我都没见过他父母，他也从来不跟我聊家里的事情。

于是，我打算过完这个新年，回到北京就跟他摊牌。可是，我该怎么说呢？总不能说“因为本姑娘想跟你结婚，为了试试结婚合不合适，咱俩先同居”？那得多丢脸，跟我上赶子求他似的。有了！我灵机一动，就拿我的工资水平说事，反正事实摆那儿嘛，他应该也能理解我的意思的。

但是，这个大呆瓜，在听完我给出的条理分明的同居理由后，居然一脸认真地回答道：“你要是真的觉得房租太高了，那这样吧，你的房租我来付，问题不就解决了吗？”

我一听，简直是火气冲天，说来说去，他就是不想跟我同居，也没有和我结婚的打算。不过是把我当作一个花点钱就可以哄着玩儿的傻姑娘罢了。什么男朋友，敢情人家连觉得把我“金屋藏娇”都是在浪费金屋呢。多年的怨气统统在这一刻爆发了，我如同一座隐忍了多年的火山，把压在心里的话，全都喷发了出来：“你根本就不爱我！亏我当初还为了你留在北京工作！你就是个骗子！”

可是，就算我话都说成这样了，他还是一副呆呆的表情，根本就不懂我在生什么气，这让我更生气了，直接摔门而去。奇怪的是，这回，他没有像以前一样，第二天就殷勤地过来送花道歉，我的手机也是许久都没有他的讯息。我一开始还会有点期待，到后来，也觉得心如死灰，决定放手了。

现在看来，尽管我俩谈了六年，其实我还没有走进他的心里面，我俩实际上还处在所谓的“甜蜜的磨合期”。说实话，程序猿先生并没有什么本质上或原则上的错误，很多次吵架都是我占上风，只是我自己凭借对他满满当当的爱，容忍不了丁点的委屈。几年过去后，我也可以说出“爱情是相互磨合、相互妥协”这样的话，但已经太晚了不是吗？

我今年已经25岁了，我知道这是一个好年龄，是应该追求青春、追求梦想的年龄。可我有的时候会想，那么，等到我真的变聪明那天，学会不去试探，学会去妥协，学会不去彼此揣摩，那个时候，我的爱还纯洁吗？

我也真的怕那个人还没有出现的时候，我就不再是真正的我了。就像陈奕迅那首歌里唱的“得不到的永远在骚动，被偏爱的都有恃无恐”。我还会不会像上一段感情那样，被宠爱得忘了最初的真心呢？

只是，经过打磨、受过教训、尝过苦涩之后的真心，我还敢完全交付吗？

分手故事十二

有多少问题是脑补出来的？

“她说：他有恋母情结。

他说：她总是火上浇油。”

分手故事十二

有多少问题是脑补出来的？

恋爱时间：半年

雯雯

性别：女

年龄：18

职业：学生

木木

性别：男

年龄：20

职业：学生

她说：

我当年想读英国某名校，到处找相关资料。百度时看到木木在豆瓣上发表的经验帖，于是我就注册豆瓣找到了他。他比我大三届，虽然最终没能去那所大学，但他有面试经验。从去年九月到今年一月，他一直在帮我为面试做准备。开始我对他并没有感觉，反倒有点怕他，因为他说话的语气很严厉，感觉比我厉害多了。后来我去参加了面试，发现自己原来也可以很厉害。我逐渐意识到他的严厉中，更多的是对我的支持与鼓励，而且随着沟通的深入，我对他的喜欢之情逐渐取代了害怕之心。

我们真正开始，是今年一月份的样子，而第一次见面是在两个多月之后的Z城。他那时从英国回国，家都没回就直接来看我了。他最吸引我的——也是我至今都舍不得的——就是他的悲天悯人情怀。他跟我有类似的幼年经历，非常能理解我。还有一点就是，我深深觉得现代社会的人际纽带很脆弱，鲍曼说没有值得完全信任的人，我们是抱着尝试完全信任对方的念头在一起的。

但希望好像总是被现实嘲笑，在一起后，我们的问题不断，有我的错，也有他的错。他不太会与人相处，得罪了很多人，也失去了很多好朋友。他一直无法融入任何团体或者社会，所以一直拿自己学术好来自我安慰。但就连“学术好”这最后一条安慰，也随着被大学退学而消失了。期末考试他没考过，又没补考，很快签证就吊销了。退学对他的性格影响很大，让他倍受打击，觉得生活无以为继。今年重新被另一所大学录取，才让他缓过来一些。

除了性格上的问题，我觉得我们分手有三大原因：宗教、出轨和家庭。

首先说宗教问题。他追随藏传佛教已经好几年了。那时候我会闹点小脾气，他无法应对，就让我学佛，并表示不学佛没法在一起，逼我皈依佛教。其实那些脾气多是源于我的经期综合征，一来例假我就会无缘无故感到心烦。有时候我只是内心有口气不顺而已，但他很当回事，如临大敌。他拒绝接受我的解释，认为是我不珍惜他的付出。而他的付出就是在我烦的时候，告诉我想想别人的苦难，静观自己的心情。

他要求我的人生观跟他的完全一致，精神过于洁癖了。我因为幼年经历，长大后希望保护动物，探险做摄影师。而他的人生目的是宣扬佛法，普及佛教。他就是不喜欢我的人生理想，总认为这事只是闹着玩的，想让我有更“高尚”的追求。比如他会说：“有那点钱做什么不好啊？去探什么险？”而我无法接受他的这种论调，所以常会因此吵架。

再来说出轨的事情。他的一个异性朋友去找他玩，晚上说没钱住酒店，就睡在了他的房间。女生叫他睡上床，脱衣服，他都照做。然后女生还想继续。虽然他最终没有同意，但是他都给我一五一十描述了。我觉得这画面很难释怀。我最不高兴的是他全程没有阻拦，没有强硬地反对。关键他完全不理解我的感受，他认为他没错，处理得很好。

后来每次我们谈起这件事，他就开始骂我。说些什么“不就人家长得比你好看吗？你的质量真不如别人”这样的话。我没办法接受自己男友在大夸人家女生好看以后，说我是人群中最差的那四分之一。其实他长得并不好看，又瘦弱，我一米六三，他只比我高十厘米。他也不喜欢我跟别的男生讲话，他一反对我有异性朋友，我就讲这事。

他这人很极端。开始死不承认自己的错误，不停地骂我，后来就演变成往死里骂自己，讲自己多不是人。他骂我并不是一两次，而是经常性行为，骂得也特难听，各种各样不停损你，什么都满嘴跑，什么猪狗不如这样的话都骂得出来。而且一骂就是两三个小时。我挂电话他就打六七十个电话来。事后又哭着喊着求我原谅他，反复不下五次。

最后来说家庭。他急着认定终身，要把我拉进他家，而我只想好好谈场学生时代的恋爱，不想把家庭牵扯进来。一旦家庭问题卷入，门户问题就显露了。他家挺有钱，再加上都是学佛的，圈子里的人跟我们家沿海中产阶级的家庭太不一样了。比如他要我学佛，想我跟他们一起去西藏。但是我觉得他们家给我太大距离感。我认识的人不过有的人有钱点，有的人穷点，但大家都是普通的好人。我真无法理解他们动辄几千万上亿弄个开光仪式的世界。

他妈对我的背景不信任。他在Z城时，三天一个电话都没给他妈妈打。我提醒他，他却说：“打什么啊？有什么话说的？”我就只好算了。结果最后一天，他妈妈打过来了，劈头盖脸一顿质问：“你跑哪去了啊！我们都打算去公安局报案了！”他回J城后，晚上打电话给我打到手机欠费。他妈生气了，禁止他打电话给我，说影响他休息。所以我自然觉得他妈妈对我有意见。我一直怀疑他有恋母情结。他喊妈妈“女神”，不断跟我说他妈妈有多好多好，所有人都爱他妈，还逼我承认他妈是女神。

后来他告诉我他们几家在传他跟另一个女孩的绯闻，大人们想撮合他俩。他说那女孩是我的情敌，说那女生比我小，很有才华，说话方式和为人处事都比我成熟。还说什么“你不能跟人家比，人家有前世记忆的”。我心想，哎呀你真是够可以的啊！你妈不喜欢我，你还跟我讲这个。

有一天我终于下定决心，要跟他委婉地谈谈他妈对我有意见的事。我铺垫了十分钟然后跟他挑明了。他那晚骂了我两个小时：“你怎么能这么想我妈呢？我妈哪惹你了？她怎么可能对你有意见呢？”我静静地听着，任由他骂。其实我觉得这还不算什么，重点是第二天他跟他妈说：“妈，我女朋友觉得您对她有意见。”他妈说：“我觉得她挺有道理的。”我都快绝望了。

彻底决裂是我在尼泊尔时。他爸妈又吵架了。我那时在高原，发烧拉肚子好几天，我想跟他说说话。他那天一点没问候我，只是发短信跟我说要安慰妈妈，叫我等他。那一安慰就是四个小时。我等到凌晨，他回来说要睡觉了，也不跟我说什么事。估计是受以上所有事情的影响，我一气之下说："你真是好儿子啊。"我的意思是，女儿安慰妈妈很正常，我只是觉得男生陪妈妈哭四个小时很奇怪。妈妈不能找其他朋友吗？他的解释是："那是因为你们全家都不要脸。"虽然他说话很过分，不过这事确实是我有错在先，我事后道了无数次歉。但他恨我恨了一个星期，说杀了我也不解恨。

我从尼泊尔回国时，他去机场接我。我们一起去了我的酒店房间，我不知道怎么面对他，就没跟他说话。不知道怎么的，我的沉默激怒了他，他冲过来打了我，还说："你以为我不敢杀了你吗？你报警去吧！"

就这样彻底结束了。按我的算法，我们在一起的时间是从今年一月到七月。其间见了三次面，一次Z城两次J城，每次一星期左右。我觉得有趣的是，见面次数如此有限，得有多少问题是双方脑补出来的呀。

■ 他说：

雯雯是我第一个严肃意义上的女朋友。其实一开始我就知道，她不是对的人，并不适合我。不过合不合适跟有没有感觉是两回事。正是感觉这东西，让人一门心思往错误的方向前进。

我们是异地恋。大部分时间都靠网络聊天来沟通。但由于看不到对方的表情，经常生出一些不必要的误会。我是北方人，她是南方人。她老被我“凶狠”的语气吓着，以为我在生她的气，其实我那边的情绪正常得很。为了让她理解北方人的说话风格，我推荐她看王朔的小说和一些北方腔调的电影，而我自己也会去找很多粤语片看，尽量去适应她的说话风格。

慢慢地，我发现聊天的语言风格倒是其次，更关键的问题是聊天的内容。我希望我们能聊些有意思的东西。我不奢望她能跟我聊政治、历史和哲学什么的，但至少可以聊聊音乐和电影呀。但她总喜欢讲一些毫无意义的生活琐事，比如，今天我看到了一个小孩/一只小猫/一条小狗……要不就老说别人的坏话，抱怨这个，抱怨那个，从自己的家人、朋友到学校的校长。

我觉得恋人间应该分享一些特别的东西，不然跟一般路人有什么区别？所以我一直努力去创造某种情趣。我把自己喜欢的音乐发给她听，但她那边从来没有任何回馈。哪怕只是一句“嗯，好听！”我的心里也会好受许多，至少让我觉得自己的品位还不错，是吧？我俩之间太缺少赞美了，尽是互相怄气、互相贬低的话。有时我们通话，我在这边很严肃、认真地跟她袒露心扉，她却在那头一会儿“啊！这只小猫太可爱了！”（估计是在看图片），一会儿“哈罗，你回来啦？”（估计是室友回来了）。

虽然跟她矛盾不断，但我是一个比较乐观的人，一直跟自己说：“以后面对面就没事了。”而她非常悲观，觉得我们肯定没戏，情绪经常很糟糕。她说是因为经期综合征。要真是那样，那她一定天天都在来例假。过去我也是个情绪不好的人，并且总是抱怨自己的父母，他们之间也爱互相抱怨。自从家人和我学佛之后，大家都改变了，由以前互相敌视的状态，变成了如今幸福和睦的家庭。我真的想帮她，希望她能通过学佛变得积极、开心起来。当然，也不是说这里面没有自私的成分，如果她不改变，继续那么负面、消极、情绪化，作为她的男朋友，我的日子也不会好过。除了这两点，我也确实想“培养”她对佛教的兴趣。但她虽然嘴上说自己很感兴趣，但我能感觉到，事实不是那样的。对佛有没有向往，曾经是我择偶标准的重要一项。后来我也开始自我反省，是不是我不够包容？慢慢地，我也说服了自己，信仰不一样，也是可以在一起的。

至于她想当探险摄影师的梦想，我觉得无论是从身体素质，还是心理素质，她都根本不适合做这行。我说，别人都躲着“险”，你为什么非要去找“险”呢？我不是硬要去反对她的梦想，但她的梦想对她的情况来说真的不太现实。

矛盾重重下，自然少不了冷战。一次冷战期间，有个女孩来找我玩。这个女孩我早就认识，之前我们都是在聊一些关于音乐和电影的东西。我当时确实很傻，只知道自己对那女孩没半点意思，没想到她对我有意思。让她去我家的时候，单单是觉得人家一穷学生，能省点就省点呗。本来我打算睡地上的。对方却说，没必要。

关灯的时候，她吻我，我回应了她。为什么要跟她接吻呢？我也没有喜欢她，甚至没有任何那方面的冲动。我就想知道那是什么感觉，所以吻了。我俩躺到床上之后，一开始大家都挺君子的。过了一会儿，她开始挑逗我，说实话，那个时候，我并没想起雯雯，我什么也没想，只是躺着没动。那是我第一次跟除了雯雯以外的女孩一起躺在床上。那晚我们并没有做爱，她折腾了一阵之后，我对她说，请自重。然后我们就各自睡觉了。

我并不想跟雯雯细说这事儿，是她非逼着我讲述各种细节的。当然我也觉得对不起她，反复跟她道歉。她说要把我跟那个女孩钉在火刑柱上烧死。我知道自己做错了，但程度没有她想的那么严重。**后来不管我们争论任何事情，她都爱抬出我“出轨”这事儿，就好像从此以后，都是她对我错。我一反驳，她就说我不认错。仿佛因为这事，我就得欠她一辈子。**有次我们争论别的事情时，她又抬出“出轨”这事儿，我火了，忍不住刺激她：“是呀，你看人家就是长得比你好看，我都没选她。要是我不爱你，干吗不跟她好呢？”

雯雯永远是两个极端，要么觉得自己怎么都对，要么觉得自己怎么都错，对自己没有半点客观而理性的认知。当她处于前一种状态的时候，就把错误都往别人身上推；而处于后一种状态的时候，就破罐子破摔，觉得她就这样了，谁也帮不了她。

她老觉得我不让她有异性朋友，“你都跟别的女人躺一块儿了，还不让我跟别的男人说说话？”关于她交往异性朋友这点上，我承认我有嫉妒心，但我也不想那么不宽容。我的意思是，你要跟别的男人聊天，没问题，但能不能别让我知道？我不想听别的男人的事情。而她却一会儿说，谁谁谁比我强，我在人家面前，就是一屌丝；一会儿又说，微信上那谁谁谁真讨厌，给他发了照片之后，就老是缠着她。我心想，还不是你自己招惹的？你要觉得谁烦你了，你不理他不就得了。我就是想不通，她那么爱夸奖别的男人，为什么不夸夸自己的男朋友？我是一个挺在乎别人对我的看法的人。我也知道这样不太好，正在努力改正。作为我的女朋友，为什么就不能多鼓励我一下呢？

她不想让家长们知道我们的事。我从英国回国，没有直接回家而是去了她的城市看她。父母一问，我当然只能老实回答。她老觉得自己家庭不幸，一直有阴影。我就跟她讲很多我自己家庭的事，比如以前父母不和分居，学佛之后，他们对家庭和事业的看法都趋同了，大家又住到一起。我现在的家庭很美满。我说这些，是想鼓励她，让她明白糟糕的事情也可能出现转机，越变越好。但她却说，你别在我面前晒幸福。这太让人寒心了。她只对自己受到的伤害敏感，但对于自己带给别人的伤害全然不知。

她认为我的家庭——主要是我妈——是我们分手的原因之一，但在我看来，这个问题根本就是她幻想出来的，纯属子虚乌有。我妈不仅从来没有阻止过我俩谈恋爱，而且总是小心翼翼，不去介入我们的事情。她老说自己的妈妈不好，我替她妈妈辩解，她会生气。后来我就不辩解了，干脆跟着她一起说她妈不好，她也生气。让我最受不了的是，她对自己的妈妈心怀怨气，就见不得我夸我妈。她总认为我被我妈控制着，是个mummy's boy。我听我妈的话，那是因为我觉得我妈的话有道理；我说我妈好，是因为我妈真的好。无论是街坊邻居，还是亲戚朋友，都称赞我妈。但她却说，你把你妈妈吹得那么完美，她有可能是那样吗？我妈是怎么样的人，我最清楚，轮不到她评判。

今年6月28日的时候，我的父母爆发了一次激烈的争吵，我很久没见他们这样了。那天大概晚上十一点的时候，我觉得雯雯可能在等我跟她聊天，便发短信告诉她说家里有事。凌晨一点半的时候，我劝完我妈，又发短信跟她解释是怎么回事。她非但没有安慰我，反而说，我妈可不这样，这种事不会找儿子，只会找闺蜜。我当时觉得我们不是处在一个适合交流的状态，就下线了。心想，好不容易在一块儿，能不能别闹了。

第二天因为要搬家，家里一堆事情。收拾房间的时候，发现了一些以前的东西，突然觉得很温暖，特别想让她看看，跟她分享一下。这时候，收到她的短信："你怎么不理我？"我回复说："我在收拾，找到了一些很有意思的东西。"过了十几分钟，她没有回。于是我开玩笑地说："你怎么也不理我？"其实她要是说些正常的话，多半我们就和好了。但她却说，你不知道我没信号呀怎么怎么的。我立刻把手机关了，一方面是害怕看到更多触目惊心的文字，另一方面也怕控制不住自己，跟着说些过分的话。

晚上，在去见一个朋友的路上，经过那条我们曾经一起走过的街道时，我把手机打开了。收件箱里有她发来的几条短信，第一条的大概内容是，你妈难受就难受吧，跟我没关系。第二条是"我喜欢上别人了，分手吧"。我立刻回复："谢谢你，赶紧喜欢别人吧。这是我今天听到的最好的消息。"随后我接到她的来电，在电话里说着说着我又激动了，开始骂她："你还是个人吗？你不喜欢自己的父母，就不让我喜欢？你跟你父母关系不好，还拦着别人跟父母关系好……"我越说越生气，忍不住哭了起来。她在电话那头说，你别哭了。我说，我有病呀，我爱哭。她说，你让你朋友劝劝。

我挂断电话。

没多久，她又打过来，说有东西要送我。我说，我不要，你拿去喂狗。她说，这儿的狗不吃这个。我说，别火上浇油行吗？她说，不，我就要跟你闹。我又开始骂她。她觉得特委屈，我也委屈。我心想，我家里出了状况，你不理解就算了，别添乱呀。我还不知道我妈跟我爸经过这次大吵会怎么样呢。

7月3日，她从尼泊尔回来。我去机场接她，心里全是6月28日那天的事。在快轨上，她凑过来亲我，我把脸扭开了。一路上我们没有说话，也没有眼神交流。到了酒店，我帮她把箱子搬到房间里。她打了一个电话，接了一个电话，完全当我不存在。然后她说："你怎么还不走？"

"你知道我为什么没走吗？我等你一个解释。"

"解释什么呀？"

我的火气一下子就上来了，把她按倒在床上。她问我要干吗。我说，在我最需要的时候，你捅我一刀，现在你却没话说，还觉得我俩能跟没事人一样继续过？

"那你弄死我呀？"她说。

我说："你以为我不敢呀！"

"那你弄呀！"

"我还就是不敢。"

"那你打我呀！"

我抬手就抽了她两耳光。

我打了她，我们再也不可能了。

其实出手之后，我立刻后悔了。我怎么能打人呢？我是生她的气，但我更生自己的气。我为什么能从一个连蚂蚁都不敢踩的人，变成现在这个样子？我怎么就不能让眼前这个女人相信，我是爱她的？我怎么就无法让她好好跟我过？

分手故事十三

越走，越远

“ 她说：他对我的工作和生活方式指手画脚

他说：她觉得花我的钱天经地义 ”

分手故事十三

越走，越远

恋爱时间：六年

陈先生

性别：男

年龄：22

职业：准研究生

王同学

性别：女

年龄：18

职业：准大学生

她说：

如果没什么天大的事儿，我现在都不往西城去。前任住在西城区，那里对我来说是个情伤之地。说来也巧，身边多少人的前任，最后一聊发现竟然都住那块儿。五六年、七八年的青春，呼啦啦一下子就翻过去了。我们的爱恨情仇，随同无数个夏日夜晚，一起蒸发不见，只剩这滚滚红尘，叫人偶尔想起那段少年情事。

十八岁的那个夏天，天干物燥，我早早地就被北京一所外语学院的小语种专业提前录取了，这也代表着我再也不用准备高考了。于是接到录取通知书后，我就成天在家闲散度日，逛论坛刷网页，偶尔遇上聊得来的，就互相加个QQ认识认识，陈先生就是那个时候蹦出来的。

我：哈喽，你天津卫的呀？

陈先生：不是，我在天津上大学。

我：咦，那大暑假的怎么还在天津啊？

陈先生：我准备考研呢。不过话说回来，这位同学，你的资料上显示的十八岁，现在不应该是正读高三的年纪么，这会儿还有工夫聊天呢？

我：嘿嘿，提前招生啦，不用高考只用玩儿。

陈先生：有为青年啊！有空来天津玩儿呗，哥哥我招待你！

一开始，我也就当他是开玩笑，听听也就算了。后来巧的是，每次我上线，他居然也都在，聊的次数也就激增了，对他的了解也越来越多。比如，他平时最大的爱好就是混图书馆；比如，他到现在都还没谈过女朋友；再比如，其实我俩有很多的共同话题，聊天的时候也觉得特别合拍。

于是我一想，反正在家里闲呆着也是闲呆着，隔天就去买了火车票，打包会网友去了。陈先生知道后，也很讲义气地到火车站接我。

当时，他给人的印象是高高瘦瘦的，戴一副黑框眼镜，一看就是个知识青年、知心大哥哥。一番寒暄后，他就尽责地开始带我游览这个著名的相声之都，又带我参观了他就读的南开大学，并不忘叮嘱我，在大学里也要有追求有志向，为祖国四化作贡献。

那之后，我俩就一直保持着联系。礼尚往来。我也热情地邀请他，有机会一定要来北京找我。他也愉快地答应了，问我下个周末怎么样。我掐指一算，下周开学军训，那么周六应该可以带他逛京城，于是京城会师就这么愉快地决定了。报到后，我在大学里忙着结交新友，熟悉环境，没多久就开始了军训，跟着一大伙人被拉到了北京郊区的昌平某军营里，手机上交，与世隔绝，和陈先生的周六之约也被抛到了脑后。

那个周六下午，教官突然把我叫到了连部，朝外边喊了声："把人给我带进来！"

我惴惴不安，以为是要受什么处分了。结果，等到门打开、人进来的那一瞬间，我彻底懵了：那手里提着两大袋吃的，满头大汗的，不正是陈先生吗！

我："你，你怎么来了？这演的哪一出呢？"

陈先生："不是说好了周六来北京看你么，手机联系不上，我光记得你说军训的地儿在昌平，就自己找来了呗。"

我："怎，怎么过来的啊？"

陈先生继续一脸淡定："到北京站后，先坐地铁二号线，再坐9字头公交，再打了辆黑车，再走走山路呗，百度一下。"

这时候，一旁的年轻教官不淡定了："交待清楚！你俩到底啥关系？一个村儿的吗？"

我风中凌乱地回答道："报告教官，他是我哥，专程来给我送国庆回家的火车票。"

教官一副"你在胡说"的表情，说道："我们这儿军营的位置，我跟你说，就连美国导弹来了，也是找不到的！"

我只好服软："教官，我错了，保证下次不会再犯！"

最后的结果是，我被罚在寝室思过，那一袋吃的也没了下落。那个下午，我看着窗外的远山，脑袋里翻来倒去的，都是他离开时被风吹起的衣角，一地蝉鸣。

再之后他来北京，我们一起挤在学校外面的小旅馆里头。自从上次"军训事件"以后，其实我的心早已经不知不觉地偏向了他。白天，我带着他在北京热闹的大小胡同里闲逛，人潮拥挤的时候，他似乎能读懂我的心思般，主动牵起了我的手，世界于是在那一刻春暖花开。到了晚上，住就是个问题了。他肯定不能住我们学生宿舍那儿，管得严。可一想到要跟他分开一个晚上，我又觉得挠心挠肺。他把我的犹豫看在眼里，笑意盈盈地提议道："要不咱俩在学校外面找个小旅馆凑合住一晚？你放心，我绝不会吃了你的！"我一咬牙心一横，谁怕谁呀，就答应了这个纯洁的提议。事实上，后来证明，这个提议简直是史上最不纯洁的提议了。男生说"我绝不会吃了你的"，大约等同于"爷今晚就把你办了"。不管怎么说，那晚的剧情有了实质性推进，我的整个人生仿佛一条大河，"哗"地一下就转了个弯，只不过两岸仍然有山有树有花，因为有了他，倒也自成一派风光。

我们在一起的第一年，陈先生就顺利地考上了研，继续孜孜不倦地读书、考试。基本上，我隔一周就买一张去天津的火车票。那个时候还没有动车，我为了省钱买的还是站票，站三小时只为了见他一面。那两年积攒下来的火车票，都足够贴满我寝室那张床的墙壁了。室友们都很好奇，到底是哪个天津汉子，竟把我迷得七荤八素的。而我，讳莫如深又甘之如饴。

好在陈先生很给力，研究生毕业后就找了份在北京的工作，我也就干脆跟他搬到了一块儿住。有一句话是这么说的：同居才是检验真情的唯一标准。**两个人的感情能不能经受得住每日的琐碎，两个人的生活作息能不能找到一个舒适的平衡点，一同居就知道结果了。**

不幸的是，没过多久陈先生就开始对我指手画脚，各种碎碎念了："你怎么这么能花钱啊？你应该有点经济意识，不能这么大手大脚的。""能在家做菜就在家做，去外边下馆子多花钱呀。""你还是个大学生，没有经济来源，都不知道节省一点么。”

每到这个时候，我就默默地腹诽：又不花你的钱，又没让你养着，至于吗？

不过，平日里虽然小吵小闹不断，好在情在人在，日子磕磕碰碰地也这么过来了。

转眼，大学四年匆匆过，到了我该毕业找工作的时候了。陈先生研究生毕业后，就进了一家国际知名的事务所，风光无限，成日以过来人的身份教育我：你刚毕业，第一份工作就得往好了找，这样起点高了，以后发展的机会也多点儿。

其实我的性子是随遇而安的，有酒有肉有情人，那就非常不错了。名呀利的，对我来说真没这么重要，工作嘛，自己开心不就行了。于是也没怎么理会陈先生，正好那时候和一家旅游贸易公司谈得都挺顺利的，我就很快和那家公司签了卖身契。

没想到，陈先生知道这个消息后，居然气得指着我的鼻子，恨铁不成钢地骂道：你怎么就这么没追求、不成器呢！

我一听，也气得直跺脚，甩给他一句：“你到底是爱我的人，还是爱我的工作！”

他忙拉住我，解释道：“说什么浑话，我当然爱你的人了。但是咱俩不是得一起进步么，你看咱俩都不是富二代，未来还不是全靠自己的双手和脑袋。懂得省钱也得懂得赚钱，我每天这么辛苦加班，还不是为了咱俩。苦点我都乐意，但是你得跟我一起奋斗，对吗？”

我抽抽鼻子，不乐意地点点头，答应他一边工作着，一边瞄准时机就跳槽。

可入职之后，我才发现，这份新工作非常有意思，出于工作需要，我经常有机会坐着邮轮出国考察业务，有的时候是欧洲，有的时候是美洲。一起合作的同事也都是年轻人，大家一起插科打诨，一起加班开会，虽然工资不算高，但每一天都过得很开心，仿佛是大学生活的一个延续。一开始，我陆陆续续地也在网上投了几封简历，但都石沉大海，没了回讯，不过我也乐得自在，毕竟咱努力过了不是？而陈先生，工作是一天比一天忙，我俩常常一天都见不上。一见面吧，他要么就各种数落我，要么就是叨叨——还差多少钱他就可以贷款买房买车了。

日子慢慢过着，神奇的是，某一天早上，我居然接到一家公司的电话，因为我很早以前投过简历，邀请我下周去他们那儿面试一下。这家公司是业内翘楚，工资丰厚，只不过加班也超级多，陈先生当初就特别希望我能去那里上班，也算和他“门当户对”。

于是我心情愉快地约了陈先生周末共进晚餐，又心情愉悦地点了一大桌子菜，准备告诉他这个好消息，也让他开心开心。结果我刚放下菜单，还没开口，陈先生就皮笑肉不笑地问道：“唉我说，这顿饭咱俩谁买单啊？你这么能点，要不你买得了，我可得攒钱买房买车呢。”

我顿时胸口一股火就上来了，硬声说：“我买！”

可想而知，那一顿饭吃得，什么好心情都没了，更别提告诉他这个好消息了。我还想着为人家放弃自己喜欢的工作呢，可人眼里只有钱，只有自己的车和房，哪里有一点替我着想了。

吃完饭，我俩闷不吭声地往地铁站走去，进了站，我才发现身上只带了张信用卡，一分钱都没有。于是，我只好央他帮我买张票，结果他把票给我后，居然还补了一句：“地铁票钱记得回家还我。”

这无疑是压倒骆驼的最后一根稻草。本来我就一直觉得，自己是被嫌弃、拖他后腿的那个。而且，从他开始对我的工作和生活方式指手画脚后，我就越来越觉得和他根本是两条道路上的人。是可忍，孰不可忍，我把票往地上一摔，也不管周围人来人往，愤怒地吼道：“姓陈的，我们分手！”

这可能是我人生恋爱史上最戏剧化的分手了，原本是要分享喜讯的，结果却以分手收场，自己现在想来，也觉得太无厘头了。尽管分手之后，我维持“人在魂不在”的状态过了很长一段时间，偶尔看到杂乱的衣柜里居然还有他的衣服，就不自觉地开始回忆起有他在的日子。

“回忆是房间里的追逐，是嬉戏，是洗完澡不穿衣服，是夏天共饮的冰啤酒，是风铃，是大岩桐花，是下雨天靠在窗台你看书我看雨，是老爵士，是一起选的床单，是做爱后留下的痕迹，是嘴唇，是咬痕，是睡前听你抱怨，又突然醒过来找我的手，是寒流时煮的火锅与温清酒，是幸福狂奔而来又狂奔而去。”一开始，幸福狂奔而来的时候，激情冲昏了我的头，根本没有留下时间让人去细想，我俩的性格是不是真的合适呢？**如果时间再倒回到那一年的那一天，故事基本还是会重演的。当时的我和他，当时两人的境遇，当时两人的心智，决定了我们俩的结局，一切其实都是最好的选择。**

■ **他说：**

我的家境不好，从小父母就下了岗，靠打点散工，省吃俭用供我读书。他们对我说得最多的一句话就是：多吃点，待会念书才有力气。父母辛苦半辈子，只希望我能通过知识改变命运，出人头地，光宗耀祖。因此，打小我的人生就被规划得好好儿的。我告诉自己，严于律己，千万不能偏离一点，不能走错一步。

不过，难免也有压力大的时候，我就会偷懒上会儿网，和陌生人聊聊天，王同学就是那个时候认识的。一来二去地聊熟了以后，我才发现，这个小女生还挺优秀的，毕竟，能被首都的外语学院提前录取，不用面对高考的水深火热，一般人求都求不来呢。内心深处，我不禁对这个未曾谋面的小妹妹有了些许好感，于是就邀她有空来天津玩。没成想，王同学第二个星期就背个书包来天津了。那天我带着她转了好多地方，也讲了很多心底不曾和父母提及的想法。

我到现在还清晰地记得，我俩坐在南开大学的湖边，说着未来可以是什么样的。她转头看着我，一字一句地说道："未来虽然遥远又模糊，但是我们都知道，那是个闪闪发亮的存在。路很长，但是我们可以一起走走看。"当时我的内心有一股暖流和一种难以言说的冲动，立马就决定，等她开学第一周的那个周六，我要去北京看她。

可奇怪的是，临到周末了，她的手机却怎么也联系不上。我心想，该不会是遇上什么事儿了吧。还好，她之前跟我提过军训的地方，于是我也不管三七二十一，买了一大早去北京的车票，在车站又给她买了些零食。靠着百度地图，我好不容易找到了那个军营，却被告知那里是总部，军训的学生们都被拉去了分部，在另一个山头呢。尽管那个时候我已经又饿又累，但一想到马上能见到她，一咬牙，我又上路了。功夫不负有心人，我最后终于找对了地方，也见到了她人，可有严格的教官在，到头来我俩一句话都没说上。我没啥想法，只觉得为了见她，翻山越岭都挺值得的，倒是她说自己当时被感动坏了。我那天只觉得她怎么瘦了，回头得好好喂才行。

毕业后，为了离她近点儿，我便找了份在北京的工作。第一年自然辛苦，一加起班来就没个准点儿，她搬过来和我住一块儿后，常常抱怨我没时间陪她。我加班回来，本来就疲惫不堪，也没什么好脾气，再看到她从超市、服装店买的杂七杂八的购物袋，四处散落在沙发、地板上，也就忍不住说她几句。她每回都没等我说完，就掏掏耳朵走人了，一副“老子没在听”的表情。

她毕业那年，我俩终于有机会好好坐下来，聊聊彼此将来的奋斗目标。不知道为什么，大学四年，王同学一天天一年年地，已经变成一个我不认识的人了。我常常看着她非常潮的衣服和总在换的电子产品，恍惚就想起当年那个穿着白色T-shirt、背着粗布双肩包，和我坐在湖边聊着未来的少女，到底去了哪里呢？好在这回她终于把我的话听了进去，答应我好好换个有前途的工作，把自己的职业道路规划好，和我一起努力工作、努力生活。

之后，我的工作越发变得忙碌起来，王同学那个时候还在原来的公司上班。有一天晚上，我提着公文包，拖着疲惫的身躯回到家，走进客厅看到的居然是满室狼籍，她和她的同事们个个喝得酩酊大醉，东倒西歪地还在唱歌划拳。我什么也没力气去说了，默默地转身进了睡房，只觉得这个人是真的离我越来越远了。

我俩以前一起出去吃饭，因为我是那个比较早出来工作、薪水比较高的那一方，所以基本上也都是我买单。王同学之后想起了，就会把钱给我，想不起来也就这么算了。**虽然一开始她还在上学那会儿，我觉得自己多出点钱也是应该的，可现在她都工作领薪水了，还一副“花你钱天经地义”的样子，时间久了我就不乐意了。**或许在她的心里，钱都是小事，开心才是最重要的。可我做不到这么洒脱，我必须每天从早餐开始就精打细算，是吃包子还是吃油条，坐公交还是坐地铁，对我来说，一分钱都不应该被浪费。到后来，我觉得其实忙点也好，这样一来我俩见得就少了，争吵也就能少点儿。渐渐地，我反而更愿意待在公司里加班到深夜，起码工作是一分付出一分回报的，永远不会亏待你。

突然有一天，王同学兴冲冲地约我一起吃晚饭。我告诉她现在的项目特别忙，但是她在电话里坚持要我去，说不去就分手。我没辙，只得一头雾水地去见她。她倒好，见了面嬉皮笑脸，一上来就点了满满一桌子菜。

我默默地算了算这顿饭的钱，忍不住咕哝道：“点这么多又吃不完，不是浪费吗？”

她听到后，满不在乎地回了句：“你成天就只知道操心钱。”

我一听，立马火冒三丈：“哟，你不操心钱，那这顿饭你买得了。”

结果她比我还生气，拍桌子就作势要走，嘴里嚷嚷着：“姓陈的，我告诉你，我从来不会欠你一分钱！”

我只好又伸手去拉，心里难免也是不舒服，但面上又不好发作。好不容易闷闷不乐地吃完了这顿饭，我俩刚走到地铁站，她就央着我给她买地铁票。我当时心里正压着火，也没多想就回道：“你不是说从不欠我一分钱么，那回家可记得把地铁票的钱还我。”

谁知这句话，竟是我对她说的最后一句话。而她对我说的最后一句话，就是接下来的这句：我们分手。

终于，我们还是走到了这一步。她甩下这句话就大踏步离开了，我看着她走远的背影，只是在原地站了一会儿，然后又把地上的票捡起来，塞在口袋里，往公司走去。

这几年，我总在想，也许我的心性太要强了，她跟在我身边，总是很累吧。我逼了她这么久，要她为了我去改变，也是强人所难，不如放彼此一条生路，以后她过她的无忧日，我熬我的出头天。

现在看来，可笑的是我自己。那个时候，被工作洗脑，太执着于名利场的得失，只想着投入产出比，却忽略了身边人的喜怒哀乐。她要什么样的生活，她自己去选择就好了，**我要什么样的生活，是我自己的事情，干吗非得把我的追求，强加到她身上呢？毕竟，两个人在一起，重要的是“在一起”这三个字，不是吗？**

分手故事十四

在爱里，我们都是卑微的傻瓜

“他说：我大概是癞蛤蟆想吃天鹅肉。

她说：事事都是我主动，很委屈。”

分手故事十四

在爱里，我们都是卑微的傻瓜

恋爱时间：三年

大师兄	小师妹
性别：男	性别：女
年龄：19	年轻：18
职业：学生	职业：学生

他说：

我从小就喜欢读金庸，尤其是那部《笑傲江湖》。每回读到小师妹岳灵珊出场的章节，总是欲罢不能。书中描写小师妹的容貌有这么一段："只见岳不群的青袍后面探出半边雪白的脸蛋，一只圆圆的左眼骨溜溜地转了几转。她乍一探头，便即缩回，又在夜晚，月色朦胧，无法看得清楚，但这少女容颜俏丽，却是绝无可疑。朦朦月光下，林平之依稀见到一张秀丽的瓜子脸蛋，一双黑白分明的眼睛。”我第一次见到我的小师妹，脑海里不自觉地就蹦出了书中的这段话。

那天是新生入学第一天，作为学生会主席，我照例去参加了当晚系里的聚餐。大学里的这种聚餐，都打着欢迎新生的名号，其实说白了，不过是为大龄学长追求学妹创造个契机罢了。我对这种事情一向不来电，所以打算蹭个饭就回去。

正当我打算告辞时，同系的室友把我给叫住了：“嘿，兄弟，先别急着走啊。你说巧不巧，咱系今年可有一个师妹是你老乡呢！”说完还用手肘推了推我，一脸色迷迷地补了句，“是个小美女喔。”

我对着他翻了个巨大的白眼，可谁承想，白眼刚翻到一半，就见小师妹从他身后钻了出来，对着我甜甜地喊了声：“师兄好！”那样子，用“巧笑倩兮”形容也不为过。

我赶紧把那甩出去的半个白眼收回来，清了清嗓子，佯装镇定地说道：“师妹好呀，来，跟师兄说说，对大学生活还习惯不？想家了吧？”

晚餐结束后，在众人揶揄的目光中，我护送小师妹回宿舍。一路上，我竭尽所能地施展自己的才华，谈完学习谈食堂，谈完人生谈理想，恨不得在她面前塑造一个“学富五车，风流倜傥”的成功师兄形象，其实紧张得手抖。可是，眼看着再往前走就是女生宿舍了。我这个懒人，头一回在心里埋怨校园太小了，怎么走几步就到了呢。

正在这个时候，师妹忽闪着一双大眼睛，提议道：“师兄，我觉得晚上吃撑了。要不咱俩去旁边的小操场散散步、消消食？”

于是，我俩就在月光下浪漫地、一圈圈地逛起了操场。你知道的，每个大学的操场，晚上都会有在夜色中狂奔的同学。说时迟，那时快，一个黑影突然从师妹身后急速跑来，眼看就要相撞了，我赶紧一伸手拉住了师妹的手。

四周黑漆漆的，只有远处微弱的路灯还在照着操场，我看不清当时她的表情，只能看到她的双眼亮晶晶的，抓着我的手前后晃着：“师兄，刚才真是好险呀！”

那以后，我一没课，就根据新生的课程表，带一本书去她们教室，往后面一坐，摆出一副钻研学业的态度。旁人问起，我就说是受辅导员委托，来监督新生上课。其实，我哪听得进去讲台上老师都在说些什么呀，一颗心全用来留意师妹的一举一动了。

睡我上铺的兄弟看在眼里都替我着急了：“好家伙，你倒是主动点儿啊。我跟你说，外系好多豺狼都在打听你那小姑娘呢，赶紧先下手为强啊！”

道理我都知道，可是，师妹一看就是出身富裕家庭的姑娘，身上穿的衣服属于一看就知道是名牌的质地。而我呢，只是来自她老家边上一个小县城的穷小子，父母从小离异，读书的钱全是靠父亲下班后摆地摊、卖夜宵挣来的。我追她，一看就是癞蛤蟆想吃天鹅肉，叫我怎么积极主动？只好默默地把爱意藏在心底，但又不死心地还是继续找机会靠近她。

好在功夫不负有心人，有一回下课，我正准备收拾书包，就看到一双熟悉的小手敲了敲我的课桌。我欣喜而自持地一抬头，就见师妹站在我面前，抿嘴笑道："师兄，待会要不要一起晚饭呀？"

晚饭后，我俩又照例开始绕着操场做消食运动了。逛着逛着，师妹突然牵着我的手，双眼直勾勾亮晶晶地看着我，说道："师兄，你说，要不我做你女朋友吧，怎么样？"

我当时就理智丧失，满心欢喜地点头答应了。可回到宿舍一细想，便发愁了。这谈恋爱的，吃饭逛街看电影，哪样不是要花钱的。我平时给系里辅导员帮忙挣的那点助学金和刻苦读书拿的奖学金，估计是不够的。于是，我又偷偷地接了几个家教的私活儿。说"偷偷"，是因为在师妹面前，我从来都没有跟她提过自己经济上的困窘，这多羞于启齿。不过我一直领着学校的贫困助学金这件事，也是大家都知道的，想必小师妹也是心里有数，平时吃饭逛街，一切也从简。但每回带着她去路边小饭馆吃饭，她迈进店门那一瞬间嫌弃的表情，还是刺痛了我的神经。

转眼到了暑假，她和同班的一帮同学相约去湖南凤凰旅游，问我要不要也一起去。看着她那双充满渴望的大眼睛，又想了想旅游的那一笔不大不小的花销，我还是狠了狠心，谎称暑假家里亲戚来北京，得陪着玩儿就不能陪她去了。其实我哪有什么亲戚来北京，不过是自己想趁假期多打点工罢了。

好不容易等到开学，她也回学校了，我满心欢喜地去宿舍楼下等她。可是，眼见着她朝我走来，却看也不看我一眼地就从我身边走过去了，搞得我丈二和尚摸不着头脑。失魂落魄地回到宿舍，上铺的兄弟又发挥了八卦精神，拉着我说道："嘿，你知道么，大家都在传，你那小姑娘，在凤凰跟她们班一个男的可暧昧了！据说还是个富二代呢！"

我一言不发，内心苦笑道：原来如此，原来如此。果然最后还是落得一个"癞蛤蟆想吃天鹅肉"的下场呐。

既然人家都没给我好脸色看了，我又何必继续拿热脸贴人家冷屁股呢？那以后，我埋头苦读。偶尔远远地，在食堂或者晨会上看到她的身影，我也只好咬咬牙装没看到，一边提醒自己"别傻了穷小子"，一边忍痛转过头去。古人说"书中自有黄金屋"，诚不欺我，系里老师突然告诉我，外交部正在首都的外语学院中选派优秀学生出国深造，我是系里连续三年成绩最突出的，只要通过统一的文化测评和政审，年底就可以准备出国，一年后回国，就可以直接进外交部工作了。这对我，无疑是一个喜讯，我仿佛看到了一个改变命运的转机，于是努力过关斩将，最后顺利地通过了考试。

虽说没有出现“书中自有颜如玉”的美景，不过好少年志在四方，再说，等我学成归来，也算是有个好单位，不至于让小师妹再嫌弃了。如果那时候小师妹还单身，还没有遇到她的“林平之”，也许我俩还有机会再续前缘。

抱着这样的心态，在兄弟们给我办的饯行聚餐上，我四处搜寻着小师妹的身影。找到了！我举起杯子正打算朝她走去时，却见她牵起了站在身边的那个“富二代”的猪手，两人深情款款地对视起来，我只好沮丧地找别的兄弟喝酒了。

大酒之后，我就两袖清风地飞去了法国，也告别了我的小师妹。

她说：

小时候家里有一面大书柜，满满当当地堆放着父亲爱看的金庸全集。我作为独女，从小也跟着父亲耳濡目染，读了不少武侠名著。

读到《笑傲江湖》的时候，父亲问我：“你最喜欢书中哪个小姑娘？”

我想了想，回道：“岳灵珊！”

父亲疑惑道：“一般小姑娘不是都喜欢任盈盈吗？”

我继续说道："任盈盈美是美的，但我更喜欢小师妹的大爱之心。你看，她为了心爱的人，愿意舍弃一切，只为了让情郎可以放心追求自己想要的，连到生命的最后一刻，心心念念的还是情郎。这才是真爱！"

估计父亲觉得我小小年纪说起大爱来头头是道，挺有意思的，又打趣道："那有一天长大了，林平之和令狐冲同时站在你面前，一个是温文儒雅的贵公子，一个是重情重义的穷侠士，你选哪个？"

我一脸红，扬着脖子回答道："我就要我的令狐冲！世上只有一个令狐冲，小师妹不选他真是太傻了！"

大学第一年的迎新聚餐上，我终于等到了生命中的大师兄。那天，他穿着一件干净的白衬衣，袖子挽到手肘，一条亚麻粗布长裤，往那儿一站，翩翩的侠士气息扑面而来。看起来，他是学生会中的领袖角色，大家都去和他敬酒，他也十分豪爽一一回应。

正当我犹豫着，要不要也上去的时候，系里的另一位小师兄，听说我也来自C城，连忙兴奋地拉着我去找老乡。谁承想，那位老乡居然就是我刚才偷偷打量许久的大师兄！

由于是老乡，聚餐结束后，众人又起哄让他送我回宿舍。一路上，他风度翩翩，口吐莲花，旁征博引，把我这小姑娘震得目瞪口呆，直叹自己平时书读得太少，以至于现在不能跟上他的节奏，显得一副没大脑的草包样。

眼看着就要走到宿舍楼下了，第一印象这么糟可怎么行？于是我心一横，厚着脸皮提议道：要不去操场逛逛？这一出，我回宿舍和姐妹们说起过，直到毕业多年后，还被众人嘲笑，封我为全校“追汉子厚脸皮第一名”得主。

厚脸皮怕什么，反正那一晚，大师兄牵了我的手呢。我躺在宿舍的床上，左手握右手地傻笑着入睡了。可第二天、第三天，大师兄都没有来约我，莫非是他爱慕者众多，哪管得来我一个黄毛丫头？不过，没过几天，我终于在教室里见着了朝思暮想的人，可他只是来监督我们上课的，并不是专门为了来看我的。

这么一想，我又沮丧了好几天，宿舍里的姐妹们纷纷指责我道：“笨呐你，人家大帅哥身后多少狂蜂浪蝶，也没见他搭理谁了，成天就知道读书，却偏偏只牵了你的手。俗话说‘女追男隔层纱’，你天天在宿舍垂头丧气，还不如主动出击，保准手到擒来！”

我一听，本姑娘还怕了你不成！于是第二天就觍着脸去约师兄吃饭，吃完了饭又觍着脸约他逛操场，逛着操场又觍着脸约他当男朋友。哎呀亲娘，您要是知道了自己女儿有多厚脸皮该痛打我一顿了！还好还好，大师兄估计也是被我的勇猛给吓傻了，呆呆地点头说了句：好呀。

可是那个呆子，也不知道是不是读书读傻了，还是觉得我太缠人，为了图个耳根清净才索性答应了我的，反正那以后也从来不会主动约我，见了面也从不主动跟我说他自己的事情，总是我十句，哥们儿才回一句。本来我们两个之间，就是我主动倒追的他，在一起后，事事还是我主动。一开始我挺来劲儿，成天约他这个约他那个，可时间久了，也渐渐觉得心里委屈。

他家庭困难，还兼职做好几份家教。这些我都知道，可是没一件是他亲口告诉我的，全都是别人跟我说的。我理解他自尊心强，可是我图的是他这个人，要是图别人的钱，那我早就跟班里那个追了我许久的小男生好了呢！可要怎么帮他呢？想来想去，也就只有暗地里托人给他介绍家教的活儿，平时下馆子就挑学校旁边的三无饭馆了。不过，想到那些饭馆肮脏的小脚凳和带着油渍的地面，我还是一阵恶心。

一件让我寒心的事情，还是在某年的暑假发生了。那年他说是要陪来北京的亲戚，就不陪我去凤凰了。可等我喜滋滋地提早回校，想要给他个惊喜时，却无意中听到学校有外派留学的名额，而他的名字赫然就在名单中。

是啊，我成天不学无术，只知道吃喝玩乐。出国留学这件事，估计他早就计划好了，只是看我平日里那么殷勤，又不好拒绝我，才碍于面子跟我这么交往着。你醒醒吧，姑娘，趁人家还没把你给甩了，你还是给自己留点尊严吧。

开学后，我明明看到了他，却故意假装没看见；明明知道大家都在风传我和班里富二代的绯闻，我也故意不去回应；对于富二代越来越明显的追求攻势，我也不像以前那样抗拒了。我面上装着无所谓，心里却比谁都清楚：这些幼稚的小把戏，无非是还在隐隐期望他能有什么回应罢了，很可笑不是么。不过很明显，估计他也是觉得终于解脱了吧，也没有再来找我了。偶尔在早操集会上看到他的身影，我还是会忍不住偷偷多瞄两眼，他貌似是留意到了我的目光，总会很快地转身走开，想想真是心酸。

听朋友说，他最近看书看得很凶，天天混迹在自习室，也不知道有没有按时吃饭。我还听朋友说，他马上就要参加外交部的文化考试了，也不知道什么时候会出结果。嗨，我瞎操心什么，他那么优秀，肯定没问题的。况且，现在也没有我在旁边烦他了不是。所以，为了他的前途，我应该有多远躲多远，好让他专心复习才是。

果不其然，他金榜题名的喜讯很快就在学校里面传开了。我心里由衷地为他感到开心，可这也意味着他很快就要离开这里，离开我了，喔不，他早就离开我了，确切地说，是我大概再也看不到他了。所以，当室友问我要不要一起去参加他的饯行大聚餐时，我毫不犹豫地就答应了。看着他和旁人谈笑风生，看着他举起酒杯一饮而尽，看着他还是穿着那件干净的白衬衣，我心里一阵掀桌：你这不是求虐来了吗？

这个时候，突然瞥到他正朝我的方向走了过来，我瞬间警铃大作，不知道手该往哪儿放了。当时也不知道脑袋抽了什么筋，正好富二代站在旁边，我也没多想，迅速地就抓住了他的手，看着他的眼睛又不知道该说些什么，只好两人杵那儿大眼瞪小眼。还好，师兄估计是喝多了，没一会儿又换了个方向，继续找别人喝酒去了。我心里放下了一块石头，却又隐隐透出绝望来。没想到，最后我和你，也没能说上一句，珍重。

一晃现在毕业都两年了，他回国后没多久，就又被外派到了法国驻扎。偶尔逢年过节，我们俩还会给彼此发个祝福短信。这几年，过得其实也挺好，要朋友有朋友，也是有遇到过几个不错的对象，家里介绍的朋友介绍的，但总觉得少了点什么。还是朋友的一句话点醒了我："好像从他以后，你再也不曾爱得那么厚脸皮。"是啊，**唯独他，让我能够放下自尊；唯独他，让我爱得阵脚大乱。**

我平时没事儿爱刷刷豆瓣，偶然知道有这么个征集分手情侣的活动，觉得挺好玩儿的，一冲动，又厚脸皮地给他发链接，看看他这个老同学兼旧情人给不给面子。没想到，他倒是挺爽快的，把当年的心情全都告诉了你。你说，我干吗非要好奇心作祟地想读他的采访呢？这下我都明白了：在爱里面，傻瓜都一样。明明都是深爱着对方，明明在心里都把对方当成神仙给供了起来，真相大白后才发现，原来是自己爱得太卑微。

可是错过了，就是错过了。

物是人非，你要怪谁？怪他或她过分美丽？当然，也要怪当时的夜色太黑，月光太温柔。

分手故事十五

不是每一段感情，都有复合的机会

“她说：我不要做他心里的NO.2。

他说：我竟然干了那么多蠢事。”

分手故事十五

不是每一段感情，都有复合的机会

恋爱时间：一年

李莎	飞宇
性别：女	性别：男
年龄：27	年龄：33
职业：银行职员	职业：漫画家

她说：

我和飞宇是通过我们一个共同的朋友西西认识的。有次我跟西西逛街，她说：“我觉得你跟我老公的一个朋友很配，有兴趣认识吗？”

我说：“相亲吗？算了吧，我会尴尬死！”

西西说：“我不会跟人家说是介绍女朋友。这样吧，这周末把他叫到我家一块儿玩三国杀，我还会叫些别的朋友来，让你们‘自然地’认识。”

我觉得这个主意还不错，便欣然答应。

周六的时候，一大帮人去了西西家，结果我没瞧上西西本想给我介绍的那个叫肖伟的人，倒是看中了西西的另一个朋友——飞宇。

那天晚上，西西开车送我回家。我向西西打听飞宇。

西西表示飞宇人倒是不错，就是有点奇怪。

“你不会对他有意思吧？”西西说。

“就是对他有意思！”

“不会吧？他哪点比肖伟强呀？长得也没肖伟帅！”

“我也说不清楚，就觉得他的眼睛特别清澈，笑起来很有魅力。而且他身上有股很好闻的味道！在大家都顾着玩的时候，他还提出来帮你收拾，人家哪里奇怪？”

西西笑了。“你的鼻子还挺灵的。飞宇都33岁了，还是单身——”

“这有啥好奇怪的？”我打断西西，“我都27岁了，还单身呢！不许歧视我们单身人士！”

“不是，单身倒是没问题。但据我所知，飞宇很多年没交女朋友了。”

我说：“我也很多年没交男朋友了！”

“你也很奇怪！”西西大笑，“也许你们是天生一对！”

善解人意的西西开始频繁组织活动，每次都会叫上我和飞宇，慢慢地，我跟飞宇也熟了。每每见一次，就会喜欢他多一点，三个月之后，已经是百爪挠心的程度。飞宇是个小有名气的漫画家，有次他送我一张他亲笔画的画儿，我差点儿就以为他也喜欢我，直到我在西西家看到几幅他送给西西两口子的画。哎，原来他只是喜欢送人画而已。

我不知道该怎么办，想发展吧，人家没表示，想放弃吧，又不甘心。终于，我鼓起勇气，约了飞宇一起吃饭。当时我已经下定决心去向飞宇表白，要死就死个痛快，反正比这样天天自己纠结好。

去饭店的出租车上，我打电话给西西，希望她给我打打气。但她却跟我说什么千万不要表白，女孩子先表白，就真的没戏了。我说：“这样耗下去也挺没戏的。”

西西说：“这样吧，我教你一招……”

吃饭的时候，我按照西西的指示，鼓起勇气，盯着飞宇的眼睛看。按西西的理论，当一个男子被自己不喜欢的女人盯着看时，他多半会回避她的眼神；当一个男子被自己喜欢的女人盯着看时，他多半也会回避她的眼神，但会表现出害羞、慌乱或尴尬。结果试探了半天，人家没有慌乱，也没有尴尬，我倒是把自己搞得既慌乱又尴尬！

他根本不喜欢我，我在心里沮丧地对自己说。我一杯接一杯地喝红酒，暗自发誓，今晚以后，绝不再见他。这样想之后，反而淡定了，加上酒精的作用，我开始侃侃而谈。具体聊了什么我也不记得了，只记得那天晚上我俩都笑得特别开心。走出饭店，我决定还是按自己的路子来。

“其实我很喜欢你。我们可不可以试着交往？”我说。虽然喝多了，但话一出口，心还是怦怦直跳。

他似乎吓了一跳，没有说话。

突然，他俯身吻我，轮到我吓了一跳。

“这就是我的回答。”他说。

那一刻我觉得自己是世界上最幸福的女人。但我的幸福并没有持续多久。

几天后，我打电话给他，问他愿不愿意一起吃饭。他说已经跟一个朋友约好了，改天吧。从他的声音中，我隐约觉得不对劲，于是故意在晚饭时间给他打电话，他的电话一直关机。到了晚上十一点多，我正想去他家找他的时候，他却出现在我家门口，脸上的表情让人捉摸不透。

我生气地说：“你是怎么回事？”

他说：“你愿意听我解释吗？”

我说：“你进来吧。”

原来，他一直暗恋一个叫艾米的女孩，喜欢了她很多年，但她只把他当朋友。后来那个女孩调去上海工作。现在她调回北京了，今天刚从上海回来。他今天跟她表白了。那女孩也表示，其实喜欢他很久了。

我当时就呵呵了，我说："那你到我家来干吗？打个电话跟我说拜拜不就行了？"

他哭了起来。一边哭一边说，大概意思就是他本以为自己会很开心，但在回家的路上，脑海里全是我，他才意识到，他更喜欢我。他说他不想骗我，自己对那个女孩确实还有感觉。但他相信跟我在一起，对那女孩的感觉会慢慢消失。

最后，他说自己犯了一个大错，希望我能原谅他。

听到他说喜欢另一个女孩，我当然既生气又吃醋，但同时我又觉得他挺有种的，这么诚实的男人不多见了。关键是我很喜欢他，实在舍不得就这样结束，于是我原谅了他。

我俩好了一段时间，在情人节那天，他提出跟我分手，因为他还是忘不了那个"艾米"，他觉得这对我不公平。我觉得生活简直在跟我开玩笑。

我请了病假，在家里宅了几天。西西每天都带很多好吃的过来看我，我很感激在我最失意的时候，有西西这个朋友陪着。在啃了N个鸭头之后，我向西西保证，就此忘记飞宇，重振旗鼓。

我又重新开始上班了，心里仍旧很痛苦，只能不停地给自己打气。有天晚上我特别崩溃，感觉自己快扛不住了。这时艾米加了我的QQ。我不知道她怎么知道我QQ号的，我也不在乎。我好奇的是，她为什么要加我。本以为是狗血的现任质问前任的情节，其实聊下来发现艾米人还不错。首先艾米跟我核实了一些情况，比如我跟飞宇分手了吗，为什么分的。我如实告诉她了。至于我为什么会那么做，是因为从艾米的话中，我感到飞宇也伤害了她，有种同病相怜的感觉。而且艾米似乎比我还迷茫，她说只想知道飞宇是怎么想的。我说："你直接问他呗，他不是你男朋友了吗？"

她说："我问过他，但他总是回避，还有，他不是我男朋友。他说过喜欢我，但却没有任何行动。不知道他要干什么。"

跟艾米聊完，我奇迹般地好受了很多。我想起西西说的话，飞宇确实是个奇怪的人！但他确实又很有魅力。俗话说，好奇害死猫，这句话太正确了。跟艾米聊完以后，我决定搞清事情的真相。我是那种受不了悬念的人。于是我跟飞宇发短信，说做不了有情人，能不能做朋友？

他回答说："当然。你喜欢碧昂斯吗？"

"啊？"

"朋友给了我两张碧昂斯演唱会的门票。"

结果我们一起去看了演唱会。演唱会结束后，死活打不到车。我俩就一块儿轧马路，边走边聊天。我故意说："跟前女友做朋友，不怕女朋友吃醋？"

他说："我没有女朋友。"

我说："我很想知道为什么你跟我分了手，却没跟艾米好？"

他停下脚步。

"因为我爱你，跟你分手后，我每天都在后悔。"那是他第一次说"我爱你"。不知道我是中了什么魔，没多久，我又跟他和好了。当然，心里还是极度不安的。我约艾米出来见了一面，本以为艾米会是个性感美女，见了真人，发现是一副清纯的学生妹形象。

艾米说已经听说我跟飞宇又和好了，而她跟飞宇现在就只是普通朋友。

"不过我不打算见他了。"艾米说。

"我不介意你俩继续做朋友。"我说。我当然是介意的，只不过是想在艾米面前表现得大度一些。

艾米笑着说："跟你实话实说吧，我对他还有感觉，所以还是不见为好。"

"我喜欢你的坦率。"我说，那是真话。

"我也许是他年轻时候的向往，但他现在爱的是你。有些感情，过去了就是过去了，你完全不用担心。"

见过艾米以后，我安心了不少，跟飞宇也处得很愉快，直到有一天……

那天他借用我的电脑，忘了退出QQ。好奇心的驱使下，我查看了他跟艾米的聊天记录，果然他跟艾米没有再联系，至少聊天记录是那么显示的，他们最后一次聊天，正是我去见艾米那天。而且他跟艾米的聊天内容，完全没有一点暧昧，真的像朋友那样。艾米问了一些关于我的事情，他对我的描述都是好话，正当我心满意足地打算帮他退出QQ时，大雨给他打招呼。大雨我见过几次，是他最好的朋友。我顺手也查了查他跟大雨的聊天记录，这一查不要紧，看完他们的聊天记录，我觉得自己就是个彻头彻尾的大白痴。

他跟大雨说了没和艾米在一起的真正原因，他说："我总是无法处理好跟女人的关系，很多次伤害了别人，又伤害了自己。这个世界上，我最不愿意伤害的人就是艾米。我害怕跟她在一起后会彻底失去她。"

看到这里时，感觉世界都坍塌了。很难用语言描述那种感觉——浑身上下堵得慌，心里绞痛，无法呼吸，连哭都哭不出来，感觉自己随时会爆炸。原来他最爱的，一直是艾米。

那天，我跟他分手了。跟一个自己还喜欢的人分手并不容易。我也知道都这样了，还继续喜欢他，太傻，但感觉不是说没就能没的。

我不相信人能一瞬间死心，心都是被慢慢磨死了。我跟他分手不是因为对他死心了，而是因为我看清了，对他这样的人来说，得不到的永远是最好的。如果继续跟他在一起，我永远是No.2。我宁愿失去他，也不要做他心里的No.2。

后来他做了很多事，请求我的原谅。

我说："我原谅你了，但我们已经不可能。请不要再给我打电话。"

虽然跟他的这段感情里，我一直在犯贱，但能有尊严地转身，也算是一种莫大的安慰吧。

■ 他说：

（男方已先看了女方的讲述）

我看到"请不要再给我打电话"时，我意识到自己失去了一个非常重要的人。我总是在失去之后，才明白自己失去了什么。我承认，在李莎和艾米之间，我犹豫过。在遇到李莎之前，艾米一直是我的"女神"。我父母在我还小的时候就离婚了，我是跟着奶奶长大的。家里所有人都不喜欢我，我奶奶也老是打我。我从小就觉得自己是颗"灾星"，父母一定是因为我才离婚的。很多人觉得我比较高傲，很有个性，其实骨子里我是一个很自卑的人，总觉得我这样的人，怎么会有人喜欢呢？一开始我并没有那么喜欢李莎，跟她在一起是因为她就像一剂安慰剂，让我觉得自己没那么差。可能我喜欢的是被她喜欢的感觉。但最后那次跟李莎在一起之后，我真的爱上了她。我确实做错了事，落得这样的下场，是我自己活该。

李莎跟我分手后，我很抑郁，每天都活在后悔之中，想自杀又没那个胆子，便开始自残，拿着刀片往自己身上划。有次把自己划得太深，流了很多血，我害怕了，打电话给一个朋友。朋友帮我包扎好伤口，太久没向任何人吐露心声的我把发生的所有事情都告诉了他。他曾经当过心理医生。我求他用他的心理学知识，帮忙出主意，挽救我和李莎的关系。朋友说，你得先挽救自己，不然就算这次你们和好了，还会被你搞砸。

我实在搞不懂自己，也无法解释自己为什么会干那么多蠢事。在这位朋友的帮助下，我才慢慢有了头绪。我的感情之所以会出问题，是因为我自己有很多问题。

我是一个既没有安全感又很懦弱的人，特别害怕别人会嫌弃我，所以总是竭力讨好身边的每个人。我觉得自己就是个演员，有时候在扮演自己，有时候在扮演别人，演多了就分不清哪个才是真正的我。比如跟朋友A在一起的时候，我会按照A的喜好跟TA说话；跟朋友B在一起的时候，我会按照B的喜好跟TA说话；跟朋友C在一起的时候，我又会按照C的喜好跟TA说话……很多时候，我甚至不知道自己是谁，我只知道，我想别人喜欢我。

大雨是我最好的朋友。他不喜欢李莎，喜欢艾米，他觉得艾米才是那个正确的人。艾米比较会处事，而李莎是个很直接的人，又比较喜欢开玩笑，可能她说了什么话，得罪过大雨。但我知道，她绝对不是故意要让大雨不爽的。我最喜欢的正是李莎的直接，她不太在乎别人怎么看她，总是想什么就说什么。她总是把人往好的方面想，我觉得只有跟她在一起的时候，我可以不用演戏，做我自己。我既可以在她面前展现我闪光的一面，也可以在她面前暴露我的阴暗面。但在别人面前，我只敢展现自己好的那面，活得很累。

大雨比我年长几岁，对我很好，有时候我觉得他就跟一个父亲一样，对他有某种依赖。大雨很聪明，迷茫的时候，我都会找他，而他往往能给出很好的意见。我很信任他的判断力，他不停地跟我说，李莎跟我不搭，还是艾米好，我真的开始相信，也许我跟李莎不合适。但跟李莎处得越久，我越被她吸引，我对自己说，搭不搭都是她了。我人生中第一次觉得，不管大雨怎么说，我都要跟李莎在一起。但我还是不敢得罪大雨，别人说话，我都很少反驳，大雨说的话，我就更不敢反驳了。于是，我跟他说了那些被李莎看到的话，大雨也真的没有再劝说我跟艾米好。我知道鉴于我之前的种种行为，李莎不会再相信我了。

失恋后，为了减轻自己的内疚，我开始怪罪大雨，我俩的友谊也破裂了。其实他根本没做错什么，只是以他的立场，跟我说了一些他的看法而已。只怪我没有勇气对他说出自己的真实想法。

关于这次失恋，朋友为我做了更深层次的解读。他说："你发现没有，你对所有人都很好很体贴，对自己爱的人反而没那么好，甚至很坏？"

我说："还真是。好奇怪。"

朋友说："其实也不奇怪。一般没有安全感的人，会在伴侣身上寻求安全感。像你这样极度没有安全感的人，下意识里会有意破坏跟伴侣的关系。因为你怕自己在感情里越陷越深，如果将来被对方抛弃，你会无法承受，所以还不如早点搞砸，以结束对'失去'的极度恐惧。你活在巨大的矛盾之中，失去一个重要的人固然很痛苦，但已经失去了，至少你不会再担心会失去。"

朋友对我说的每句话，我都反复思考了很久。过去我总是期盼爱情能拯救我，其实只有我自己先好起来，爱情才会跟着好起来。要拯救爱情，我得先救自己。只有当我真的变好以后，我才有资格去重新追求李莎。

后记　爱情短，叹息长

相爱的人为什么会分手？

是啊，到底哪里出了错？

那些失恋后的伤心人啊，我能够想象，你们每一个辗转难眠过的黑夜，酩酊大醉过的马路，对着城市或燥热或凉爽的风叹息过的无奈，问了又问依然想不通的为什么。或许，在看过这15个真实的分手故事，你瞬间就找到了释放的出口、解脱的地图，以及最终的答案。

因为这本书的访谈性质，每次下笔之前，我都会去花很多时间和前恋人们分开交流，试着了解他们各自记忆里的感情线索。有时候我加班到很晚，才能有空闲的时间去做这件事，他们居然也愿意一边打着哈欠，一边跟我忆往昔。这些前恋人们，有的是豆瓣上志愿报名的陌生人，有的是我身边的好朋友。说真的，我特别感谢他们，为这一份信任，将那一段私密的情感赤诚地放在我面前，是缘分，也是我的荣幸。

其实，我作为访谈者的角色很妙，这个“妙”是“奇妙”，也是“微妙”，还是“美妙”。首先，在聊天的过程中，感情中的任何一方都可以对我畅所欲言。我从而在对方的带领下，走入他人的时光隧道，开启那段尘封的过往。奇妙的是，我感觉自己仿佛变成了一个透明的时空旅行者，看着她晚上蜷缩在你身边，发出轻微的呼噜声，像只小猫；看着你静静地握着她的手，凝视那张黑夜中仍旧令你眷恋的睡脸；看着你在失眠的晚上，关了灯赤着脚，坐在飘窗上看漫天飞雪；看着他在盛怒的时候，不受控制地说出伤人的话语，却又在你离开后一根一根地抽烟，不言不语。

很多身边的朋友会问：既然你知晓了那些未曾提起的遗憾，何不趁机让双方重修旧好呢？是啊，这就是这件事的微妙所在。在整个访谈的过程中，我是一个抛砖引玉的角色，不预设立场，不掺杂情绪，努力让自己单纯地做个故事的记录者。毕竟，时光它有双翻云覆雨的手，错过了就是错过了，任你再追悔莫及，也改写不了结局。但你也知道的，感情的事，很容易就能引起共鸣。就像电影里说的，饮食男女，人之大欲，要不去想，很难。所以，感同身受与保持中立之间的那条线，微妙得很。

美妙的是，因为有这个契机，我得以体会别人奋不顾身去爱的勇气，伤痕累累又不忍放弃的心情，这于我，也是莫大的鼓励。有一段时间，我过得特别糟糕，是那种表面成天乐呵，其实walking dead的糟糕。这种心情，也没法跟旁人诉说，正好一个朋友找上我，表示愿意分享她的故事。那是一个夏天的傍晚，她站在我家窗边，望着如墨的夜色，第一次跟我提起那段往事。看着她眼泛泪光的样子，我心里也一阵疼。

爱让人有了软肋，又有了盔甲。我不知道，究竟是记得比较可怜，还是忘记比较悲壮。想未来太远，追过去太迟，那此刻呢？我们所驻足的此时此刻，所生活的这个偌大城市，每一天都有人在爱上，每一天都有人在离开。短暂的相遇相守，一切其实都是轮回，珍惜是一天，懊悔也是一天。突然间，困扰我多日的坏情绪，就这么“咻”地一下都消失了。姑娘们呐，这世间一切事物能量守恒，山水轮流转，好花常开，新人常来，若有一天遇故人，还请记君子之交，以礼相待。

有人问我：你访谈了这么多对分手故事，最大的感悟是什么呢？

也有人问我：如果你是我，你当时会怎么做，才不至于走到分手的地步呢？

老实说，我也没有答案，我的感情也非完美，很多时候也一团糟。或许，从来就很少有百分百不会分手的恋爱。

岁月长，衣衫薄；爱情短，叹息长。

但你跟我都知道，还是要爱的。

就这么走下去看看吧，唯一要不断告诉自己的是：别怕。

愿你们都能爱到自己最想去爱的人。

如果你愿意讲述你的分手故事，欢迎发邮件至：

whysaygoodbye@163.com

赵珈禾

2014年6月